「生老病死」にとらわれない心をつくる

久野 善史
Kuno Yoshifumi

たま出版

はじめに

二十世紀のロジャー・スペリーは、治療のため脳梁を切断した、てんかん患者を対象にした実験で、左脳と右脳がそれぞれ異なる働きをしていることを突き止め、その功績によってノーベル生理学医学賞を受賞した。

その後、脳内の活動具合を調べるｆＭＲＩという機械によって、左脳と右脳は活動具合に大きな片寄りが見られないことが明らかになった。

しかし、それは潜在意識も含めた意識全体の話になる。

高校時代からの私の体験では、顕在意識の左脳と右脳は、その働きかたに片寄りの生じることがわかっている。

そのことを現代科学で証明することはできない。

脳は現代科学においてもブラックボックスとされており、その働きの多くが未解明のままとなっている。

そして、それらの働きについて科学で解明することができるとしても、それは遠い未来のことになる。

だとすると、人類の精神状態が、これからますます荒廃していくことが予想され、科学が顕在意識における左脳と右脳の片寄りを発見するころには、人類が滅びてしまいかねない。

そうならないためには、西洋的な科学だけでなく、試行錯誤によって答えを見つけ出す東洋的な悟りを使って、脳の働きを解明することが必要になる。

脳は誰にもあるものであり、誰もが自分の脳を使うことによって、その働きを確かめることができる。

そして、脳の働きに「片寄り」のあることを確かめることができるとともに、その「片寄り」を是正する方法も確かめることができる。

目次

1 左脳と右脳の「片寄り」

人の脳には左脳と右脳があり、左脳と右脳の働きはバランスを崩すことがある。右脳では、美術や音楽など芸術に関する認識能力を扱っており、左脳では、理屈や理論、論理に関する分析的な認識能力を扱っている。

右脳に働きが片寄れば芸術に関する認識能力は高まるが、論理的な思考は弱くなり、左脳に働きが片寄れば論理的思考は強くなるが、芸術的な認識能力は弱くなる。

左脳と右脳で、どちらに働きが片寄っても脳はバランスをとろうとする。バランスをとろうとして活発なほうの脳の働きを抑える。

仮に左脳に働きが片寄れば、脳はバランスをとろうとして左脳の働きを抑えるから、その状態で、さらに左脳を働かせようとすると、左脳に、より大きなブレーキの力が加わる。

すると、左脳を働かせようとした力が無駄になり疲労感を覚え、これを繰り返すと人は左脳を使おうとは思わなくなる。

私たちが知っている左脳の働きは理屈や理論などを構築するものであり、理屈や理論などを構築することは創造的な営みであるから、この創造的な営みにブレーキをかける力は破壊的な力になる。

左脳と右脳の働きに「片寄り」が生じて脳がバランスをとるために用いるのは、この破壊的な力になる。

つまり、脳の働きに「片寄り」があると、「片寄り」を是正するために脳内に破壊的な力が生じる。

脳内の破壊的な力は私たちの意識を通じて現実世界に反映され、現実世界の破壊となってあらわれる。

左脳と右脳の働きに、どちらかが活性化して、どちらかが停滞する「片寄り」が生じたら、活発なほうの脳の働きを抑えるのではなく、劣ったほうの脳を活性化させてバランスをとることができれば、脳内に破壊的な力は生じないから現実世界に破壊がもたらされることはない。

2 左脳と右脳がバランスをとる方法

左脳と右脳のいずれかが活性化し、左脳と右脳のバランスが崩れると、脳はバランスをとろうとして活性化したほうの脳の働きを抑える。

しかし、脳が、活性化したほうとは反対側の脳を活性化させてバランスをとる可能性も否定できない。

脳が、活性化したほうとは反対側の脳を活性化させてバランスをとるケースを考えると、最初に活性化した脳はそのままで反対側の脳を活性化させるため、脳全体が活性化することになる。

左脳と右脳のバランスが崩れれば崩れるほど脳全体が活性化することになる。

実際にそのようなことがあるのだろうか。

男性と女性では、女性のほうが左脳と右脳をつなぐ脳梁《のうりょう》が太い。脳梁が太いということは、それだけ左脳と右脳間の情報伝達がスムーズにいくことを示している。情報伝達がスムーズにいくということは、左脳と右脳のバランスがとりやすいことを意味する。

逆に男性は、女性より脳梁が細いから左脳と右脳のバランスがとりにくい。左脳と右脳のバランスがとりにくいということは、左脳と右脳のバランスが崩れやすいことを意味する。

つまり、男性の脳は、女性の脳よりも左脳と右脳のバランスが崩れやすい。

そして、活性化したほうとは反対側の脳が活性化されて左脳と右脳のバランスがとられると、男性の脳は、女性の脳よりも左脳と右脳のバランスが崩れやすいから脳の働きが活性化しやすい。

逆に活性化した側の脳が抑制されて左脳と右脳のバランスがとられると、男性の脳は、女性の脳よりも左脳と右脳のバランスが崩れやすいから脳の働きが抑制されやすい。

脳の働きが活性化することは創造的な営みに結びつくので、活性化したほうとは反対側の脳が活性化されて左脳と右脳のバランスがとられると、脳内に創造の力が生じる。

反対に、脳の働きが抑制されるのは破壊だから、活性化した側の脳が抑制されてバランスがとられると、脳内に破壊の力が生じる。

平均的にみて男性は、女性より破壊的で、かつ創造的であるので、男性の脳は、女性の脳よりも活性化した側の脳が抑制されると同時に、その反対側の脳が活性化されてバランスがとられる傾向のあることがわかる。

つまり、活性化した側の脳が抑制されると同時に働きの劣った側の脳が活性化されて、左脳と右脳のバランスがとられていることになる。

3 「片寄り」への気づき

若き日の空海は洞窟に入り、求聞持法（虚空蔵菩薩求聞持聡明法《こくうぞうぼさつぐもんじそうめいほう》）という修行法をおこなったことが伝えられている。

これは記憶力を良くするための修行法で、私の中学時代には、その修行法を記した本が普通の書店で売られていた。

修行の核となる部分は、真言という特定の言葉を繰り返し唱え、その声の響きを脊髄に沿った身体の中心軸に伝えるというものだった。

高校時代の私は約一年間にわたり、毎日、寝る前の一時間だけ、この核となる部分をおこなった。

左脳と右脳のバランスがとれていれば身体の中心軸を正確にとらえることができる。

しかし、左脳と右脳のバランスが崩れた状態だと身体の中心軸を正確にとらえることができない。

身体の中心軸は頭頂まで延びており、特に感覚神経のない脳においては、感覚がないため、中心となる軸を正確にとらえることができない。

私たちが脳の感覚だと思っているものは実は頭の表面の感覚に過ぎない。

そのため、脳における中心軸だと思っているものが左脳側か右脳側かへ微妙に片寄っており、その状態であるにもかかわらず、自分では「少しも片寄りがない」と思い込んで声の響きを脳に伝えることになる。

当時は気づかなかったが私の場合は、この中心軸が左脳側へ片寄った状態であったのを「片寄り」のない状態だと思い込んで声の響きを伝え続けたために、この左脳側への「片寄り」を強固なものにしてしまった。

左脳側への「片寄り」が強固なものになると、この「片寄り」が自然な状態となり、この「片寄り」を基準に、ものごとを考えるようになった。

そして、この「片寄り」を基準にして、さらに左脳側への「片寄り」が生じると元々あった「片寄り」が広がることになり、その「片寄り」の広がった状態で修行をして、広がった「片寄り」を強固なものにしてしまった。

そのことから、以前より広がった「片寄り」が自然な状態となり、右脳があまり使われない状態となった。

修行をはじめて一年後に、たまたま左右の目を交互に閉じて見たことがあり、どちらかは忘れてしまったが片方の目の見えかたが、もう片方の目に比べて異常に白黒に近かったことを覚えている。

この原因を考えたときに、当時、一般に知られるようになっていた左脳と右脳について、そのバランスが崩れたことによるものだと思うようになった。

4 右脳で認識するもの

西洋人に比べて日本人は脳の働きが左脳側へ片寄りやすいといわれる。

脳の働きが左脳側へ片寄ると、脳は、左脳の働きを抑制してバランスをとろうとする反面、右脳の働きを活性化してバランスをとろうとするから、脳内に破壊と創造の二つの力が生じる。

右脳を活性化する力だけでバランスをとることができれば、脳内に破壊の力は生じない。

では、右脳を活性化するためにはどうしたらいいのだろうか。

右脳を活性化するためには右脳全体で認識するものを知る必要がある。

右脳は、美術や音楽などの芸術をはじめ、図形や空間を認識するなどの直観的な能力を扱っているとされる。

美術のうち絵画については、図形が組み合わさったものととらえると、図形を認識する能力で知覚される。

空間を認識する能力も図形を認識する能力の延長上にあると考えられる。

音楽を認識する能力はどうだろうか。

音楽を認識する能力は、図形を認識する能力とは直接は結びつかない。

そのため、右脳の働きを別の観点から考え直してみる。

絵画は「美しさ」という言葉で評価されることが多い。

絵画だけでなく、美術は名前に「美」が入っているように、その分野全体で美しさを認識する。

この「美しさ」という言葉が右脳全体で認識するものではないか。

河原などで遊んでいるときに、雑多な形をした石のなかに真球に近い形の石を見つけたら、びっくりしてこれを持ち帰ろうとするだろう。

このときは、雑多な形と比較して真球という単純な立体図形に「美しさ」を感じている。

空間を認識する能力は図形を認識する能力の延長とみなすことができるので、空間も「美しさ」で認識される。

絵画などの美術は当然「美しさ」で認識される。

そして、美術と同じ芸術ジャンルの音楽についてはどうだろうか。

音楽について考えてみると、音楽は「美しさ」で認識されるとはいえない。

これについては次のように考えることができる。

いい音楽を聴いたときには現実世界と異なる美しい世界が心のなかに浮かぶことがある。

音楽に感動したときは、その曲を聴いて何らかのイマジネーションが湧いたときであり、そのイマジネーションはある種の世界観といえ、その世界観は心のなかの絵画といえる。

心のなかの絵画は現実の絵画と同じく視覚的な要素であるから「美しさ」で認識される対象になる。

音楽は聴覚的な要素で認識されると思われがちだが、芸術的なレベルの音楽はむしろ視覚的な要素で認識される。

コマーシャルソングや映画音楽は、曲そのものは標準的なレベルの「美しさ」であっても、コマーシャルや映画のなかの映像と結びついて視覚的な要素として認識されることで、認識される「美しさ」のレベルが高まりヒットしやすいのだと考えられる。

つまり、音楽もまた「美しさ」で認識される対象であり、右脳全体で「美しさ」を認識することになる。

5 顕在意識と潜在意識

脳内の活性化した部分を画像として見ることのできる装置では、左脳と右脳のバランスが大きく崩れる様子が見られない。

これは、装置で見ることのできるものが脳全体の働きであるからで、脳でつくられる意識の働きには、表面意識と呼ばれる顕在意識と、深層意識と呼ばれる潜在意識がある。

私たちが意識しているのは顕在意識のみであって、潜在意識は意識できない。

脳の働きを見ることのできる装置では潜在意識の活動もとらえているから、私たちが意識しているものとのずれが生じる。

私たちが意識できない潜在意識は、意識できる顕在意識の十倍ともいわれる広大な意識領域を持つ。

そのため、顕在意識の左脳と右脳で「片寄り」が生じても、その「片寄り」は意識全体からみると、わずかな「片寄り」に過ぎない。

ところが、私たちは顕在意識を使って生活しているため、顕在意識に「片寄り」があると、その「片寄り」が現実世界に反映される。

「片寄り」が現実世界に反映されると、その「片寄り」を是正しようとする破壊の力もまた現実世界に反映される。

これらのことから、現実世界の破壊をなくすためには、顕在意識の「片寄り」をなくすことが必要になる。

6 「片寄り」と反対方向へ引っ張る力

左脳と右脳の働きで、どちらかに「片寄り」が生じたら、バランスをとるために「片寄り」と反対側の脳を活性化させる。

左脳への「片寄り」が生じたらバランスをとるために右脳を活性化させる必要がある。

右脳を活性化させるためには「美しさ」を認識する必要がある。

そして、「美しさ」を認識するために、「美しさ」という言葉を心のなかで唱え続けてみる。

しかし、「美しさ」という言葉を唱え続けても脳のバランスがとられる感覚はない。

そこで改めて脳の構造について、まだ知らない機能を調べてみる。

すると、脳には左脳と右脳のほかに「古皮質」「旧皮質」「新皮質」(古皮質と旧皮質は呼びかたが逆だったり、新皮質を含めて異なる呼びかただったりすることもある)という構造のあることがわかる。

現在ではこれらの呼称はあまり使われていないようだが、私の高校時代には一般的だったので、これらの呼称を用いる。

古皮質、旧皮質、新皮質は、脳が中心から外へ向かって進化した過程を示している。

脳の中心にある古皮質は進化の過程でもっとも古く生じた脳で、生きる上で基本となる本能的な能力を扱っている。

古皮質の周りに旧皮質があり、これは進化の過程で古皮質の次に生じた脳で、古皮質より知性的な能力を扱っている。

脳の一番外側に新皮質があり、これは進化の過程でもっとも遅く生じた脳で、もっとも知性的な能力を扱っている。

古皮質、旧皮質、新皮質はいずれも左脳と右脳にかかるので、右脳で認識する「美しさ」にも古皮質、旧皮質、新皮質で違いがあることになる。

左脳と右脳でバランスをとるためには「片寄り」と反対方向へ引っ張る力が必要になる。

左脳への「片寄り」が生じた場合には、右脳における古皮質から新皮質への流れをつくると「片寄り」と反対方向へ向かう、「片寄り」を修正する力になる。

古皮質から新皮質への流れは「脳の中心から外へ向かう流れ」であり、「片寄り」と反対側の脳でこれをつくることによって、「片寄り」と反対方向へ引っ張る力が生じることになる。

7 左脳への「片寄り」を是正する言葉

「片寄り」と反対側の脳で古皮質から新皮質への流れをつくれば、「片寄り」と反対方向へ引っ張る力になる。

左脳への「片寄り」が生じたら、バランスをとるために、右脳での古皮質から新皮質への流れをつくる。

右脳で認識するものは「美しさ」であり、右脳での古皮質から新皮質への流れは「美しさ」についての古皮質から新皮質への流れとなる。

古皮質では本能的なものを認識するから、右脳の古皮質では本能的な「美しさ」を認識する。

本能的な「美しさ」とは、知性的な脳から見たら「美しさ」の性質が足りないものであり、「美しさのないもの」と表現できる。

旧皮質で認識する「美しさ」は本能と知性の間の「美しさ」であり、古皮質から見たら「美しさ」の性質があり、新皮質から見たら「美しさ」の性質がないものとなる。新皮質で認識する「美しさ」は古皮質や旧皮質で認識する「美しさ」と比べたら、「美しさ」の性質があるものなので「美しさのあるもの」と表現できる。

古皮質から新皮質への流れは「美しさのないもの」から「美しさのあるもの」への流れであり、「美しさのないものを美しさのあるものにする」と表現できる。

「美しさのないものを美しさのあるものにする」は「美しさのないもの」を「美しさのあるもの」にしており、「美しさのないもの」を「美しさのあるもの」にするのは創造をおこなっていると解釈できる。

つまり、右脳における「脳の中心から外へ向かう流れ」は創造をあらわす言葉になる。

「美しさのないものを美しさのあるものにする」という創造をあらわす言葉を心のなかで唱えて、左脳への「片寄り」を是正することにする。

8 左脳で認識するもの

今度は脳の働きが右脳側へ片寄った場合を考えてみる。

脳の働きが右脳へ片寄ると、「片寄り」を修正するためには左脳側へ引っ張る力が必要になる。

左脳側へ引っ張る力をつくるために、左脳での古皮質から新皮質への流れをつくる。左脳での古皮質から新皮質への流れをつくるためには、まず左脳全体で認識するものを知る必要がある。

左脳で認識するものについて調べてみると、左脳は理屈や理論、論理などの分析的な能力を扱っていることがわかる。

「理屈」「理論」「論理」という単語は古皮質や旧皮質で理解するのは無理で、いずれも新皮質で理解される。

左脳全体で認識するものを探しているので、左脳の古皮質や旧皮質でも理解できる「理屈」「理論」「論理」に該当する言葉を探す。

その過程において「ものを考える」という言葉が思い浮かび、左脳全体の働きが「ものを考える」ことではないかという発想が出てきた。

しかし、「ものを考える」際には認識対象を整理するために視覚的な要素も使われており、視覚的な要素は右脳で認識するものなので、「ものを考える」際には右脳も使われていることになる。

左脳だけで認識するものを探しているので、改めて「理屈」「理論」「論理」に共通する古皮質や旧皮質でも理解できる言葉を探す。

すると、「理屈」「理論」「論理」に共通する概念に「意味」という単語のあることに気づく。

「意味」は比較的、幼い子でも使う平易な単語であることから古皮質や旧皮質で理解できる可能性があり、左脳全体で認識するものではないかと考える。

そのため、左脳全体で認識するものを「意味」であるとして話を進める。

9 右脳への「片寄り」を是正する言葉

右脳への「片寄り」が生じたら、バランスをとるために、左脳における古皮質から新皮質への流れをつくる。

左脳では「意味」を認識するので、左脳での古皮質から新皮質への流れは「意味」についての古皮質から新皮質への流れになる。

古皮質では本能的なものを認識するので、左脳の古皮質では本能的な「意味」を認識する。

本能的な「意味」とは知性的な脳から見たら「意味」の性質が足りないものであり、「意味のないもの」と表現できる。

旧皮質で認識する「意味」は本能と知性の間の「意味」であり、古皮質より「意味」の性質があり、新皮質より「意味」の性質のないものとなる。

新皮質で認識する「意味」は古皮質や旧皮質で認識する「意味」と比べたら、「意味」の性質のあるものなので「意味のあるもの」と表現できる。

古皮質から新皮質への流れは「意味のないもの」から「意味のあるもの」への流れであり、「意味のないものを意味のあるものにする」と表現できる。

「意味のないものを意味のあるものにする」は、「意味」のないものに「意味」を加えているから創造をあらわす言葉と解釈できる。

左脳の「脳の中心から外へ向かう流れ」を示す言葉も創造をあらわしていることになる。

右脳への「片寄り」が生じたら「意味のないものを意味のあるものにする」という言葉を認識して左脳と右脳のバランスをとる。

10 交叉

脳の前方と後方の間には身体の運動機能と感覚機能を司る部分がある。

左脳と右脳が美術や音楽、理屈や理論などの心に関するものを扱っているのに対し、同じ脳に体に関するものを扱う部分があることになる。

脳の体に関する部分も左脳と右脳にかかるので、脳の体に関する部分を使って左脳と右脳のバランスをとることができるのではないかという発想が浮かぶ。

そして、体の部位が左脳と右脳とつながる際に交叉《こうさ》と呼ばれる現象がある。

左手や左足などの体の左側半分は神経によって右脳とつながり、右手や右足などの体の右側半分は神経によって左脳とつながっている。

そのため、左手や左足などを使って右脳を活性化することができ、右手や右足などを使って左脳を活性化することができるのではないかと考えた。

脳の働きが左脳側へ片寄った場合を考えると、左脳が活性化し右脳が活性化してい
ない状態なので、左脳と右脳のバランスをとるために左脳をできるだけ使わないよう
にして右脳だけ使うようにする。

そのためには、左脳とつながる右手や右足をできるだけ使わないようにして、右脳
とつながる左手や左足をできるだけ使うようにする。

高校時代、左脳への「片寄り」に悩んだ私は、このような方法を約半年間実践して
左脳と右脳のバランスをとろうとした。

このような不自然なことは学校ではできないので、学校から帰って自宅にいる間だ
けおこなうようにした。

中学時代には音楽に感動して涙を流すようなことも希にはあったが、求聞持法を修
行してからは、その感性がまったく失われていた。

中学時代に感動した曲を聴いても感動することはなく、激しいリズムにわずかな心
地良さを感じる程度でメロディに心地良さを感じることはなかった。

そのことから、右脳はほとんど働いていないことが考えられた。

右脳が昔のように活性化すれば、リズムだけでなくメロディにも心地良さを感じるはずだった。

しかし約半年間、左脳につながる右半身をできるだけ使わないようにして、右脳につながる左半身をできるだけ使うようにしてもメロディに心地良さを感じることはなかった。

そのため、「身体を使って左脳と右脳のバランスをとることはできない」と結論づけた。

11 心の定義

心の働きは脳でつくられるので、脳の働きがイコール心だと考えられる。

ところが、脳には前方と後方の間に身体の運動機能と感覚機能を司る部分がある。

脳の働きが心の働きだと、心の働きに身体の運動機能と身体の感覚機能が含まれることになる。

心の働きに身体の運動機能と身体の感覚機能が含まれることは常識的に考えにくいから、脳の働きのうち何が心の働きなのかということを考えておく必要がある。

心については仏教が教えている。

仏教は五官（目耳鼻舌身）が心を惑わすとして五官に惑わされないよう説いている。仏教は五官と心を区別しており、五官は身体の感覚器官であり、感覚器官からの電気信号を処理するのが脳における身体の感覚機能になる。

そのことから、脳の働きから身体の感覚機能をとり除いたものが心の働きということになる。

心から身体の感覚機能は除かれたが、身体の運動機能は残っている。

高校時代の私は「片寄り」と反対側の脳につながる身体を使って、左脳と右脳のバランスをとることができなかった。

左脳と右脳の働きは心の働きということができるので、身体の運動機能を使って左脳と右脳のバランスがとれなかったという実験結果は、身体の運動機能が心と区別すべきものであることを示している。

したがって、脳の働きから身体の感覚機能と運動機能をとり除いたものが心の働きということになる。

12 脳の前後方向でバランスをとる必要性

左脳への「片寄り」が生じたら右脳での古皮質から新皮質への流れをつくり、右脳への「片寄り」が生じたら左脳での古皮質から新皮質への流れをつくる。

左脳と右脳のどちらに「片寄り」が生じても、「片寄り」と反対側の脳で「脳の中心から外へ向かう流れ」をつくることになる。

左脳と右脳のバランスをとるためには、左脳と右脳が互いに引き合う必要がある。

しかし、左脳と右脳のどちらかに「片寄り」がある状態だと、「片寄り」のあるところに偽の中心軸ができる。

その状態で左脳と右脳が引き合おうとすると、引き合う力が本当の中心軸から偽の中心軸までの間で埋まらない。

引き合う力が本当の中心軸から偽の中心軸までの間で埋まるためには、「片寄り」のある側の脳でも「脳の中心から外へ向かう流れ」をつくる必要がある。

左脳と右脳のどちらに「片寄り」があっても、左脳と右脳の両側において「脳の中心から外へ向かう流れ」をつくることになる。

そして、左脳と右脳の両方で「脳の中心から外へ向かう流れ」をつくると、意識が左右に分かれて、この二方向しか感じなくなる。

身体には三次元の方向である左右前後上下の六方向の感覚があり、左右の二方向しか感じないと身体感覚とのずれが生じる。

たとえば、歩くときの体の重心を、身体の前後方向において、どの位置に置くかを意識しながらでないと歩きかたがぎこちなくなる。

左脳と右脳のバランスをとろうとして意識を左脳と右脳に向け続けた結果、脳の前後方向のバランスが崩れたのだと考えられる。

脳の前後方向でバランスをとるためには、脳の前方と後方において、それぞれ何を認識するかを知る必要がある。

13 「汝自身を知れ」

古代ギリシャの格言に「汝自身を知れ」というのがある。「汝自身を知れ」という言葉の意味は「客観的な視点で自分をとらえ間違いのないように生きろ」というものだと理解している。

高校時代、精神的な問題を抱えていた私は、自分の欠点をなくそうとして、「汝自身を知れ」という言葉を心のなかで唱え続けていた時期がある。

「汝自身を知れ」という言葉は道徳的に意味のあるものかもしれないが、秒単位で繰り返し認識し続けると自分のことしか考えられなくなる。

自分のことしか考えられなくなると、意識が後方へ片寄る感覚が強く生じたことを記憶している。

自分のことしか考えられなくなって意識が後方へ片寄るということは、脳の後方で「自分」を認識している可能性がある。

脳の後方で「自分」を認識しているかどうかを確かめるための実験として、「自分」だけ認識することをおこなってみる。

「自分だけ」を認識するというのは「自分以外のもの」を認識してはいけないので、「自分以外のもの」を認識しないようにしながら「自分」を認識する。

すると、意識が後方へ片寄る感覚が生じるので、脳の後方で「自分」を認識していることが考えられる。

脳の後方で「自分」を認識すると、反対の脳の前方では「自分以外のもの」を認識することになる。

今度は、脳の前方で「自分以外のもの」を認識しているかどうかを確かめるための実験として、「自分」を認識しないようにしながら「自分以外のもの」を認識することをおこなってみる。

すると、意識が前方へ片寄る感覚が生じることが確かめられるので、脳の前方で「自分以外のもの」を認識していることが考えられる。

14 意識の前後方向

左脳と右脳は交叉が存在するが、脳の前後方向でも交叉が存在すると、感覚で得られた前後方向と脳の前後方向は逆になる。

つまり、意識の後方で感じられた「自分」は脳の前方で認識されることになり、意識の前方で感じられた「自分以外のもの」は脳の後方で認識されることになる。

脳の前後方向においては交叉があるかどうかがわからないので、脳の方向ではなく意識の方向で考えることにする。

意識の後方で「自分」を認識し、意識の前方で「自分以外のもの」を認識することは実験で確かめているので、この事実によって話を進める。

15 意識の前方における「脳の中心から外へ向かう流れ」

意識の前後方向で「片寄り」が生じたら、「片寄り」をなくすために「片寄り」と反対側の意識での古皮質から新皮質への流れをつくる必要がある。

意識の後方への「片寄り」が生じたら、意識の前方においての古皮質から新皮質への流れをつくる。

意識の前方では「自分以外のもの」を認識するので、意識の前方での古皮質から新皮質への流れは「自分以外のもの」についての古皮質から新皮質への流れとなる。

古皮質では本能的なものを認識するので、意識の前方の古皮質では本能的な「自分以外のもの」を認識する。

本能的な「自分以外のもの」とは、知性的な脳から見たら「自分以外のもの」の性質がないものなので、「『自分以外のもの』のないもの」と表現できる。

旧皮質で認識する「自分以外のもの」は、本能と知性の間の「自分以外のもの」となる。

本能と知性の間の「自分以外のもの」とは、古皮質より「自分以外のもの」の性質があり、新皮質より「自分以外のもの」の性質がないものとなる。

新皮質で認識する「自分以外のもの」は知性的な「自分以外のもの」となる。

知性的な「自分以外のもの」とは、古皮質や旧皮質で認識する「自分以外のもの」と比べたら「自分以外のもの」の性質があるものなので、「『自分以外のもの』のあるもの」と表現できる。

意識の前方での古皮質から新皮質への流れは、「『自分以外のもの』のないもの」から「『自分以外のもの』のあるもの」への流れであり、「自分以外のもののないものを自分以外のもののあるものにする」と表現できる。

16 意識の後方における「脳の中心から外へ向かう流れ」

今度は意識が前方へ片寄った場合を考えてみる。

意識が前方へ片寄った場合には、意識の後方での古皮質から新皮質への流れをつくる。

意識の後方では「自分」を認識するので、意識の後方での古皮質から新皮質への流れは「自分」についての古皮質から新皮質への流れになる。

古皮質では本能的なものを認識するので、意識の後方における古皮質では本能的な「自分」を認識する。

本能的な「自分」とは、知性的な脳で認識する「自分」と比べたら、「自分」の性質のないものなので『『自分』のないもの」と表現できる。

旧皮質では本能と知性の間の本能的でも知性的でもない「自分」を認識する。

本能と知性の間の「自分」は、古皮質より「自分」の性質があり、新皮質より「自分」の性質のないものとなる。

新皮質で認識する「自分」は古皮質や旧皮質で認識する「自分」と比べたら、「自分」の性質があるものなので「『自分』のあるもの」と表現できる。

古皮質から新皮質への流れは「『自分』のないもの」から「『自分』のあるもの」への流れなので、「自分のないものを自分のあるものにする」と表現できる。

17 非現実のもの

意識の後方への「片寄り」が生じたら「自分以外のもののないものを自分以外のもののあるものにする」という言葉を認識し、意識の前方への「片寄り」が生じたら「自分のないものを自分のあるものにする」という言葉を認識して脳のバランスをとることを考えた。

これらの言葉は、意識の前後方向での「脳の中心から外へ向かう流れ」を示しており、これらの言葉で最初に認識する「自分以外のもののないもの」と「自分のないもの」は意識の前後方向の中間にある。

意識の前後方向は交叉があっても脳の前後方向であり、脳の前後方向の中間は一つしかないから「自分以外のもののないもの」と「自分のないもの」は同じものになる。「自分以外のもののないもの」は「自分以外のもの」のないものであり、「自分のないもの」は「自分」のないものなので、脳の前後方向の中間では「自分以外のもの」と「自分」の両方の性質のないものを認識する。

いっぽうで、現実世界には「自分」か「自分以外のもの」の、どちらか一方しか存在しない。

したがって、「自分」と「自分以外のもの」の両方の性質のないものは現実世界に存在しないことになる。

現実世界に存在しないもののことを「非現実のもの」と表現すると、「自分以外のもの」と「自分」の両方の性質のないものは「非現実のもの」となる。

脳の前後方向で挟まれた部分では「非現実のもの」を認識することになる。

「非現実のもの」は現実世界に存在しないもののことだから、「夢」や「空想」などを挙げることができる。

脳の前後方向から挟まれた部分では「夢」や「空想」などを認識することになる。

18 意識の前後方向でバランスをとる方法

脳の前後方向によって挟まれた部分では夢や空想などを認識する。

逆に、脳の前後方向の両端では夢や空想以外のものである現実を認識する。

脳の前後方向で挟まれた部分では夢や空想という「非現実のもの」を認識し、脳の前後方向の両端では「現実のもの」を認識する。

すると、「脳の中心から外へ向かう流れ」は「夢や空想から現実への流れ」となる。

意識が後方へ片寄った場合には、脳の前後方向でバランスをとるために意識を前方へ向ける必要がある。

意識を前方へ向けるためには意識を前方へ引っ張る力が必要になり、そのためには意識の前方における古皮質から新皮質への流れをつくることになる。

意識の前方では「自分以外のもの」を認識するので、意識の前方での古皮質から新皮質への流れは「自分以外のもの」についての古皮質から新皮質への流れになる。

古皮質から新皮質への流れは「脳の中心から外へ向かう流れ」であり、その「脳の中心から外へ向かう流れ」は「夢や空想から現実への流れ」なので、意識の前方での古皮質から新皮質への流れは「自分以外のもの」についての「夢や空想から現実への流れ」になる。

「自分以外のもの」についての「夢や空想を現実にする流れ」は、「自分以外のものについての夢や空想を現実にする」と表現できる。

意識が後方へ片寄った場合には「自分以外のものについての夢や空想を現実にする」という言葉を認識して脳の前後方向のバランスをとる。

次に意識が前方へ片寄った場合を考える。

意識が前方へ片寄った場合には、脳の前後方向のバランスをとるために意識を後方へ向ける必要がある。

意識を後方へ向けるためには意識を後方へ引っ張る力が必要になり、意識の後方での古皮質から新皮質への流れをつくる。

意識の後方では「自分」を認識するから、意識の後方での古皮質から新皮質への流れは「自分」についての古皮質から新皮質への流れになる。

古皮質から新皮質への流れは「脳の中心から外へ向かう流れ」であり、その「脳の中心から外へ向かう流れ」は「夢や空想から現実への流れ」なので、意識の後方での古皮質から新皮質への流れは「自分」についての「夢や空想を現実にする流れ」になる。

「自分」についての「夢や空想を現実にする流れ」は、「自分についての夢や空想を現実にする」と表現できる。

意識が前方へ片寄った場合には「自分についての夢や空想を現実にする」という言葉を認識して脳の前後方向のバランスをとる。

意識の前後方向とも「脳の中心から外へ向かう流れ」が「夢を現実にする」ことを意味しており、「夢を現実にする」ことは創造だから、意識の前後方向でも「脳の中心から外へ向かう流れ」が創造を示している。

19 夢や空想の大切さ

私たちは現実を絶対的な存在と認識して疑わない反面、夢や空想は絶対的なものではないとして蔑ろにする傾向がある。

意識の前後方向とも「脳の中心から外へ向かう流れ」は創造であり、創造をおこなおうとすると「脳の中心から外へ向かう流れ」をつくることになる。

意識の前後方向での「脳の中心から外へ向かう流れ」をつくると、現実を認識する前に夢や空想を認識することになる。

しかし、私たちには現実を絶対的な存在と認識し、夢や空想を蔑ろにする傾向がある。

夢や空想を蔑ろにして現実だけを認識することは、現実の「自分」と現実の「自分以外のもの」を認識することになる。

現実の「自分」と現実の「自分以外のもの」は意識の前後方向の両端で認識される。方向が逆転しても意識の前後方向は脳の前後方向であることから、現実だけを認識すると意識が脳の前方と後方から挟まれた部分を飛び越して、脳の前方と後方の端を行ったり来たりすることになる。

脳の前方と後方の端を行ったり来たりする意識のありかたが正常な意識のありかたかというとそうではない。

正常な意識のありかたは創造である「脳の中心から外へ向かう流れ」なので、現実を認識するなら、その前に夢や空想を絶対的なものとして認識する必要がある。

20 脳の上下方向でバランスをとる必要性

意識の後方への「片寄り」が生じたら、意識の前方での古皮質から新皮質への流れをつくり、意識の前方への「片寄り」が生じたら、意識の後方での古皮質から新皮質への流れをつくる。

意識の前後方向でバランスをとるためには、「片寄り」と反対側の脳で「脳の中心から外へ向かう流れ」をつくることになる。

「片寄り」と反対側の脳で「脳の中心から外へ向かう流れ」をつくると、脳の前後方向で引き合う力が脳の中心軸から「片寄り」によって生じる偽の中心軸までの間で埋まらない。

脳の中心軸を挟んで引き合う力が、中心軸から偽の中心軸までの間で隙間なく埋まるためには、「片寄り」のある側の脳でも「脳の中心から外へ向かう流れ」をつくる必要がある。

するとと、意識の前方と後方の両方で「脳の中心から外へ向かう流れ」をつくることになる。

意識の前方と後方の両方で「脳の中心から外へ向かう流れ」をつくると、意識が前後の二方向に分かれる。

意識が前後の二方向に分かれると、この二方向しか感じなくなる。

その前に、左脳と右脳で「脳の中心から外へ向かう流れ」をつくり、意識が左右の二方向に分かれているので、今度は意識が左右前後の四方向に分かれる。

意識が左右前後の四方向に分かれると、この四方向しか感じなくなる。

身体には三次元の方向である左右前後上下の六方向の感覚があり、左右前後の四方向しか感じないと上下方向がない分、身体感覚とのずれが生じる。

たとえば、歩くときには身体の上下方向の、どの位置に重心を置くかを考えながらでないと歩きかたがぎこちなくなる。

左脳と右脳、意識の前後方向でバランスをとろうとして、意識がこの四方向にしか向かなくなった結果、脳の上下方向のバランスが崩れたのだと考えられる。

脳の上下方向でバランスをとるためには、脳の上下方向でそれぞれ何を認識するかを知る必要がある。

21 意識の上下方向

脳の上下方向で認識するものを考えると、小学校時代の音楽の時間に高音と低音の発声方法を教わったことを思い出す。

高音を出すときには声を頭のてっぺんから抜くようにし、逆に低音を出すときには声をお腹のほうへ響かせるようにする。

高音を出すときには意識を身体の上方へ向け、低音を出すときには意識を身体の下方へ向けることになる。

声は空気振動であり、声の高音は空気振動の波動の細かいものだから、波動の細かいものを認識するときには意識を身体の上方へ向ける。

反対に、声の低音は空気振動の波動の粗いものだから、波動の粗いものを認識するときには意識を身体の下方へ向けることになる。

このことから、脳の上方で波動の細かいものを認識し、脳の下方で波動の粗いものを認識することが考えられる。

波動の細かいものは「波動の細かさ」という性質のあるものなので、脳の上方で認識する性質は「波動の細かさ」になる。

逆に波動の粗いものは「波動の粗さ」という性質のあるものなので、脳の下方で認識する性質は「波動の粗さ」になる。

脳の上下方向で交叉があると、感覚で得られた方向と実際の脳の方向は逆になる。

脳の上下方向で交叉がある場合、脳の下方で「波動の細かさ」を認識し、脳の上方で「波動の粗さ」を認識することになる。

脳の上下方向で交叉があるかどうかはわからないので、脳の方向ではなく意識の方向で考えることにする。

意識の上方で「波動の細かさ」を認識し、意識の下方で「波動の粗さ」を認識することは、発声の実験で確かめている。

よって、意識の上方で「波動の細かさ」を認識し、意識の下方で「波動の粗さ」を認識する事実で話を進める。

22 意識の上下方向のバランス

意識の下方への「片寄り」が生じたら、バランスをとるために意識の上方での古皮質から新皮質への流れをつくる。

意識の上方では「波動の細かさ」を認識するので、意識の上方での古皮質から新皮質への流れは「波動の細かさ」についての古皮質から新皮質への流れとなる。

古皮質では本能的なものを認識するので、意識の上方における古皮質では本能的な「波動の細かさ」を認識する。

本能的な「波動の細かさ」とは、知性的な脳で認識する「波動の細かさ」と比べたら「波動の細かさ」という性質のないものになる。

「波動の細かさ」という性質のないものは「波動の細かさのないもの」と表現できる。

旧皮質では本能と知性の間の「波動の細かさ」を認識するので、古皮質で認識する「波動の細かさ」より「波動の細かさ」があるものを認識し、新皮質で認識する「波動の細かさ」より「波動の細かさ」のないものを認識する。

新皮質では知性的なものを認識するから、古皮質や旧皮質で認識する「波動の細かさ」より、知性的な「波動の細かさ」を認識する。

知性的な「波動の細かさ」とは「波動の細かさ」の性質のあるもののことなので、「波動の細かさのあるもの」と表現できる。

古皮質から新皮質への流れは「波動の細かさのないもの」から「波動の細かさのあるもの」への流れなので、「波動の細かさのないものを波動の細かさのあるものにする」と表現できる。

意識が下方へ片寄った場合には「波動の細かさのないものを波動の細かさのあるも

のにする」という言葉を認識して脳の上下方向のバランスをとる。

次に意識が上方へ片寄った場合を考えてみる。

意識が上方へ片寄った場合にはバランスをとるために、意識の下方での古皮質から新皮質への流れをつくる。

意識の下方では「波動の粗さ」を認識するので、意識の下方での古皮質から新皮質への流れは「波動の粗さ」についての古皮質から新皮質への流れとなる。

古皮質では本能的な「波動の粗さ」を認識するので、旧皮質や新皮質と比べたら「波動の粗さ」のないものを認識する。

「波動の粗さ」のないものは「波動の粗さのないもの」と表現できる。

旧皮質では、本能と知性の間の本能的でも知性的でもない「波動の粗さ」を認識するので、古皮質で認識する「波動の粗さ」より「波動の粗さ」の性質があり、新皮質で認識する「波動の粗さ」より「波動の粗さ」の性質のないものを認識する。

新皮質では古皮質や旧皮質と比較すると知性的な「波動の粗さ」を認識するので、古皮質や旧皮質より「波動の粗さ」の性質のあるものを認識する。

「波動の粗さ」の性質のあるものは「波動の粗さのあるもの」と表現できる。

「波動の粗さ」についての古皮質から新皮質への流れは「波動の粗さのないもの」から「波動の粗さのあるもの」への流れであり、この流れは「波動の粗さのないものを波動の粗さのあるものにする」と表現できる。

意識が上方へ片寄った場合には「波動の粗さのないものを波動の粗さのあるものにする」という言葉を認識して脳の上下方向のバランスをとる。

23 「波動の粗さ」は悪ではない

意識の上下方向における「脳の中心から外へ向かう流れ」について考える。

意識の上方での「脳の中心から外へ向かう流れ」は「波動の細かさのないものを波動の細かさのあるものにする」であり、「波動の細かさ」という性質のないものを「波動の細かさ」という性質のあるものにしている。

性質のないものを性質のあるものにするのは、創造と解釈することができる。

意識の下方での「脳の中心から外へ向かう流れ」である「波動の粗さのないものを波動の粗さのあるものにする」も、「波動の粗さ」という性質のないものを「波動の粗さ」という性質のあるものにしているから創造を示す言葉と解釈できる。

しかし、「波動の粗さ」については悪と解釈されることがある。

その場合には、「波動の粗さのないものを波動の粗さのあるものにする」が「悪のないものを悪のあるものにする」となる。

悪は創造と反対の性質なので破壊をあらわす言葉になる。

「脳の中心から外へ向かう流れ」は左脳と右脳、意識の前後方向、意識の上方向で創造を示していた。

意識の下方向だけが破壊をあらわすことになるのはおかしい。

この点については次のように考える。

音楽には高音と低音があり、低音は空気振動の「波動の粗さ」のあるものだから、「波動の粗さ」が悪だとすると低音が悪ということになる。

低音が悪なら音楽から低音を省かなければならないが、低音を省いた音楽が果たして、いい音楽だろうか。

低音を含めた曲が「美しさのないものを美しさのあるものにする」という心のなかの創造をおこなうことになるので、音楽の世界では明らかに低音が必要であり「波動の粗さ」を悪と解釈することが間違っていることになる。

24 悪の定義

「波動の粗さ」が悪でないなら、悪はどのように定義されるのだろうか。

破壊に結びつかない悪が存在しないことから、悪イコール破壊と定義することができる。

「脳の中心から外へ向かう流れ」は創造なので、逆の「脳の外から中心へ向かう流れ」が破壊であり悪を示すものとなる。

破壊であり悪を示すものである「脳の外から中心へ向かう流れ」について、脳の六方向で示すと次のようになる。

左脳は「意味のあるものを意味のないものにする」。

右脳は「美しさのあるものを美しさのないものにする」。

意識の後方は「自分についての現実を夢や空想にする」。

意識の前方は「自分以外のものについての現実を夢や空想にする」。

意識の上方は「波動の細かさのあるものを波動の細かさのないものにする」。

意識の下方は「波動の粗さのあるものを波動の粗さのないものにする」。

これらの言葉はすべて性質のあるものを性質のないものにしており、性質のあるものを性質のないものにするのは有を無にすることと解釈できるから、「脳の外から中心へ向かう流れ」が破壊と解釈できる。

意識の前後方向の「自分についての現実を夢や空想にする」と「自分以外のものについての現実を夢や空想にする」は、ともに現実を心のなかに受け入れている。

現実を心のなかに受け入れることは夢を諦めることと解釈でき、夢を諦めることは夢を現実にすることの反対なので破壊であり悪ということになる。

25 感情

脳でつくられる心の働きには感情という機能がある。感情がどのようにして生じるのかを考えてみる。

感情という脳の働きは、脳内に新たな神経回路をつくらない。したがって、脳内の既存の神経回路に生体電流が流れて生じるものだと考えられる。

これに対して、脳内に神経回路をつくるのが創造と呼ばれる行為になる。

創造によってつくられた神経回路に生体電流が流れて感情が生じる。

神経回路が存在しなければ感情は生じることができないので、創造が主で感情が従という関係があることになる。

喜びは創造という行為に伴い生じる感情であることが考えられ、「脳の中心から外へ向かう流れ」に伴って生じる感情になる。

逆に「脳の外から中心へ向かう流れ」が破壊なので、破壊に伴って生じる感情について考えてみる。

破壊に伴って生じる感情には怒りや憎しみ、恐怖などがある。

怒りや憎しみ、恐怖などによって破壊が起きることも考えられるが、「脳の外から中心へ向かう流れ」が生じているときに、これらの感情が起きる事実は変わらない。

では、悲しみという感情はどのようにして起こるのだろうか。

悲しみという感情について考えると、創造に向かっている心が何らかの理由で阻害されたときに起こるものだとわかる。

「脳の中心から外へ向かう流れ」が「脳の外から中心へ向かう流れ」によって阻害されたときに起こる感情となる。

そのため、はじめから「脳の外から中心へ向かう流れ」となっている場合には、「脳の中心から外へ向かう流れ」が阻害されることがないから悲しみという感情は起こらない。

サタンや悪魔が涙を流す場面を想像できないと思うが、サタンや悪魔は、はじめから「脳の外から中心へ向かう流れ」となっているため悲しみという感情は起こらない。もし、サタンや悪魔が悲しみを感じるとすれば「脳の中心から外へ向かう流れ」となっているとき、つまり、改心した状態でないとあり得ない。

置かれた環境によって人は「脳の外から中心へ向かう流れ」が持続する状態になることがあり、この状態になったときの人は持つ感情が怒りや憎しみ、恐怖だけとなる。凶悪な犯罪者について調べると、脳の一部に萎縮がみられることがあるという。萎縮は大きさが小さくなることだから、脳に「脳の外から中心へ向かう流れ」が働いた結果とみることができる。

26 自己中心性

意識の後方で認識する「自分」と、意識の前方で認識する「自分以外のもの」とでバランスをとろうとすると、意識の後方で認識する「自分」は一人の人間であるのに対し、意識の前方で認識する「自分以外のもの」は人間でない場合があるうえに、複数の存在の場合もある。

「自分」という一人の人間に対し、バランスをとるために認識する存在が複数の人間でないものだとすると、認識するものに違いがあり過ぎてバランスをとる対象にはならない。

意識の前方で認識する「自分以外のもの」が、「自分」と同じような一人の人間であればバランスをとる対象になると考える。

そこで、意識の前方で認識する「自分以外のもの」を、まずは「人間」に限定するため、「自分以外のもの」という言葉を「他人」という言葉に置き換えることにする。

「自分」と「他人」という言葉を使って意識の前後方向のバランスをとってみる。

すると、「自分」と呼ぶ存在は常に認識できるのに対し、「他人」はいつも「自分」と一緒にいるわけではないから常に認識できる存在ではない。

常に認識できる「自分」と常に認識できない「他人」とでは、当然「自分」を認識する時間のほうが長くなり、意識が後方へ片寄ることになる。

意識が後方へ片寄ったときには「他人」より「自分」のほうが認識しやすくなり、必然的に自己中心性が生じる。

自己中心性が生じないようにするためには、「自分」を認識する時間を短くするか「他人」を認識する時間を長くする必要がある。

27 「自分」を認識しない実験

意識の前後方向でバランスをとるために「自分」を認識する時間を短くする。

「自分」を認識する時間を短くするために、「自分」を認識しないようにする。

「自分」を認識しないようにすると、「自分」に関する一切の情報が遮断されることになる。

「自分」に関する情報が遮断されると、「自分」を認識しなければならない場面でそれができなくなる。

たとえば、目上の人と話す場合には敬語を使わなければならない。

しかし、「自分」に関する情報が遮断されているので、相手が「自分」より目上の人かどうかを判断することができない。

すると、相手が目上の人であるにもかかわらず、対等の立場で話しかけたりするようになる。

このように、「自分」を認識しないということを実践すると、社会生活では不都合な場面に遭遇することになる。

「自分」を認識しないようにして不都合な場面に遭遇するということは、意識の前後方向のバランスをとるために「自分」を認識しないという方法は採用できないことになる。

ということは、意識の前後方向のバランスをとるためには「他人」を認識する時間を長くするしか方法がなくなる。

28 「他人」は意識の後方でも認識される

意識の前後方向でバランスをとるために、改めて意識の前後方向で認識するものを考えてみよう。

意識の後方で認識する「自分」とバランスをとり合う関係にある、意識の前方で認識する「自分以外のもの」は親や兄弟などの身内も含まれる。

親や兄弟などの身内の存在は、家庭内では「自分以外のもの」として意識の前方で認識される。

しかし、家庭から出て地域の人たちとのかかわりになると、「自分」との関係が深い存在として意識の後方で認識されることがある。

意識の前方で認識されていたものが、意識の後方で認識されるという変化がある。

同じような変化はほかにもあり、身内ではない「他人」同士が国内にいる状況においては互いが意識の前方で認識される。

ところが、この「他人」同士が一緒に外国に行くと、同じ日本人という理由から意識の後方で認識されることがある。

「他人」は意識の前方で認識したり、意識の後方で認識したりという変化がある。

これに対し「自分」は常に意識の後方で認識される。

常に意識の後方で認識される「自分」に対し、常に意識の前方で認識される「他人」がいなければ意識の前後方向のバランスがとれないのではないか、という疑問が生じる。

29 気質の違い

意識の前後方向でバランスをとろうとすると、「他人」を認識する時間を増やすしか選択できる方法がなかった。

しかし、意識の前後方向はもっと大きな理由でバランスをとることができない。人の性格は脳でつくられるから、脳の神経回路を組み替えれば性格は変えることができる。

ところが、性格の中心となる気質は、脳のなかでも、もっとも原始的な脳幹でつくられ、脳幹は神経回路を組み替えることのできない部分であるから、気質は一生変わらない性格であることが定義されている。

そして、意識の前後方向についいては方向が逆転しても脳の前後方向であり、脳の前後方向でバランスをとろうとすると脳の前方と後方の中間に脳幹がある。

意識の後方で認識する「自分」と、意識の前方で認識する「他人」との中間に脳幹が存在することになる。

脳幹でつくられる気質は人それぞれ異なるものとされ、「自分」の気質は「他人」の気質と異なる。

「自分」と「他人」を認識すると、おおまかに「現実の自分」「現実の他人」「自分の気質」「他人の気質」という四つのものを認識することになる。

この四つが直線で結ばれれば脳の前後方向が力学的に引き合う関係となりバランスをとることができる。

四つのものが直線で結ばれると、四つのものは「現実のもの」か「非現実のもの」かの違いだけで基本的な性質が同じになる。

しかし、気質は人間の基本的な性質であり「自分」と「他人」では気質が違うから、「現実の自分」「現実の他人」「自分の気質」「他人の気質」という四つのものが直線で結ばれない。

四つのものが直線で結ばれなければ脳の前後方向は引き合う関係とならず、バランスをとることができない。

つまり、「自分」と異なる気質の「他人」を認識したのでは、脳の前後方向はバランスがとれないことになる。

30 同じ気質の異性

脳の前後方向でバランスをとるためには「自分」と同じ気質の「他人」が必要になる。

「自分」と同じ気質の「他人」が存在し、その「他人」を認識することができれば脳の前後方向でバランスをとることができる。

しかし、「自分」と同じ気質の「他人」が目の前にいると、その「他人」と「自分」を区別することが難しくなる。

その「他人」が異性として存在すれば「自分」との違いは明らかだから、「自分」と同じ気質の「他人」を区別することができる。

「自分」と同じ気質の異性を認識すれば脳の前後方向でバランスがとれることになる。

そして、その同じ気質の異性と結婚すれば、その人を長い時間、認識することが可能になり、長い時間、脳の前後方向のバランスをとることができる。

ところが、素直に現実を見てみると、「自分」と同じ気質の異性と結婚している人はほとんどいないと思われる。

これは長い年月をかけた生命進化の過程で、異なる遺伝子を持つもの同士が一緒になり、環境の変化に適応できる子孫を残そうとする本能ができたせいだと思われる。

この本能にしたがって人は「自分」にないものを持つ異性にあこがれを抱く傾向がある。

気質をつくる脳幹では心臓と肺の機能を司っており、心臓と肺は胸にあるから、「自分」と気質の同じ「他人」は胸や背中の雰囲気が似る傾向がある。

しかし、「自分」にないものを求めると「自分」と雰囲気の似た異性には関心が向かなくなるので、「自分」と気質の同じ異性に関心がなくなり「自分」と気質の同じ異性と結婚する人は少ない。

そして、気質が同じかどうかの判断は胸や背中の雰囲気が似ること以外に客観的に判断する材料がないから、どうしても主観的な判断になってしまう。

主観的な判断は間違えることがあり、気質が同じかどうかの判断も主観的な判断になるから間違えることがある。

「自分」と気質の異なる異性を「自分」と気質が同じだと思い込んでしつこくつけ回したりすると、相手に迷惑をかけることになるし、「自分」の貴重な時間を失うことになる。

31 言葉を認識しただけでは創造にならない

「意味のないものを意味のあるものにする」
「美しさのないものを美しさのあるものにする」
「自分についての夢や空想を現実にする」
「自分以外のものについての夢や空想を現実にする」
「波動の細かさのないものを波動の細かさのあるものにする」

「波動の粗さのないものを波動の粗さのあるものにする」

これら脳の六方向を示す言葉は「脳の中心から外へ向かう流れ」をあらわしている。

これらの言葉を認識すれば「脳の中心から外へ向かう流れ」がつくられ、「脳の中心から外へ向かう流れ」は創造なので創造がおこなわれるはずだが、繰り返し認識し続けていても創造がおこなわれる気配がない。

「脳の中心から外へ向かう流れ」をつくるためには、まず「脳の中心」を認識する必要がある。

そして、「脳の中心」を認識するためには、「脳の中心」を認識するための言葉が必要になる。

ところが、「美しさのないものを美しさのあるものにする」などの六つの言葉には「脳の中心」を認識するための言葉が存在しない。

たとえば、「美しさのないものを美しさのあるものにする」という言葉では、「脳の中心」を認識するための言葉として「美しさのないもの」を挙げている。

「美しさのないもの」という言葉は、極めて原始的な脳である脳幹で理解するのは無理だから、それより外側の脳である旧皮質や新皮質で理解されることになる。

旧皮質や新皮質で理解されるということは「脳の中心」では理解されず、「脳の外側」で理解されることになる。

「脳の外側」で理解されるということは、「美しさのないものを美しさのあるものにする」という言葉を認識してつくられるのは「脳の中心から外へ向かう流れ」ではなく「脳の外から外へ向かう流れ」になる。

脳の六方向のうち、ほかの五つの言葉でも「脳の中心」で理解できる言葉がないから、「脳の中心から外へ向かう流れ」ではなく「脳の外から外へ向かう流れ」がつくられる。

「美しさのないものを美しさのあるものにする」などの六つの言葉は、書かれている内容を実行すれば「脳の中心から外へ向かう流れ」をつくることができる。

しかし、言葉を認識しただけでは「脳の中心から外へ向かう流れ」をつくることができないことになる。

32 「脳の中心」で理解できる言葉

言葉を認識しただけでは「脳の中心から外へ向かう流れ」をつくることができないとした。

仮に、言葉を認識しただけで「脳の中心から外へ向かう流れ」をつくることができるとすると、そのためには「脳の中心」で理解できる言葉が必要になる。

そして、「脳の中心」で理解できる言葉を探すと「真言」というものがみつかる。心の奥底に響くとされる古代インドのサンスクリット語で示された「真言」と呼ばれる言葉には、母音ではじまるものが多い。

母音ではじまる言葉と子音ではじまる言葉を、それぞれ繰り返し認識し続けると、母音ではじまる言葉は子音ではじまる言葉より心に働きかける力が持続する傾向のあることがわかる。

「脳の中心」で理解できる言葉は脳幹で理解できる言葉であり、母音と子音では母音のほうが単純な発音であるから、母音が原始的な脳である脳幹に働きかける可能性がある。

しかし、母音ではじまる言葉についても同じ言葉を認識し続けると、やがて言葉の持つ力が失われていく。

同じ言葉を認識し続けることは、その言葉を認識するためにつくられた脳内の特定の神経回路に生体電流を流し続けるだけになる。

脳内に新たな神経回路をつくるのが創造なので、既存の神経回路に生体電流を流し続けることは単純に考えて創造ではない。

創造は「脳の中心から外へ向かう流れ」なので、創造でないということは「脳の中心から外へ向かう流れ」が失われることになる。

「脳の中心から外へ向かう流れ」が失われると、認識している言葉が「脳の中心」と無関係になり、「脳の中心」にある生体電流が流れないから、その言葉を認識してもエネルギーが持続しない。

しかし、「脳の中心」で理解できる言葉があれば、その言葉を認識することで、その言葉が「脳の中心」にある生体電流と結びついて心に働きかける力が持続すると考えられる。

33 「脳の中心」で理解できる言葉2

「脳の中心」にある脳幹では心臓と肺の機能を司っており、心臓と肺は生命維持に欠かせない器官であるから「脳の中心」は常に働き続けていることになる。「常に働き続けている」ということは「脳の中心」にある脳幹には常に指令を発するための生体電流が存在する。

母音ではじまる言葉を認識してその言葉の持つ力が持続するのは、母音が脳幹にある生体電流と結びついて、脳幹にある生体電流を脳幹より外側の脳に伝えるためだと考えられる。

しかし、さまざまな言葉を用いて実験すると、母音ではじまる言葉でも、言葉自体が長い場合には原始的な脳である脳幹では理解できずに新皮質で理解されることになり、脳幹の生体電流とは無関係となり言葉の持つ力が持続しない。

言葉の持つ力が持続するためには、その言葉が極めて原始的な脳である脳幹で理解される必要がある。

そのためには、言葉の先頭が母音であることと言葉自体の短いことが求められる。

これらのことから、脳幹で理解できる言葉を右脳が「いい」、左脳が「意味」、意識の前方が「愛」、意識の後方が「要る」、意識の上方が「うん」、意識の下方が「おお」の、母音が先頭の二文字にまで短くしてみた。

ここまで短くしても、これらのなかには脳幹で理解するのが難しい言葉がある。

そのため、脳幹で理解できる言葉は二文字より短い一文字を選んでみる。

母音を先頭にした一文字は母音しかなく、「あ」「い」「う」「え」「お」を選ぶことになる。

母音だけを認識した場合は、左右前後上下の六方向に一方向足りないので、母音でも子音でもない「ん」を加えた六音を左右前後上下の六方向に当てはめて実験してみる。

34 認識対象は変化する

「あ」「い」「う」「え」「お」「ん」の六音を脳の六方向に当てはめて認識し、脳のバランスをとる実験をおこなってみる。

すると、六音の最初の一音を認識してから最後の一音を認識するまでには、どうしても時間の経過が存在する。

「時間の経過が存在する」ということは、その間に現実の認識対象が変化する可能性がある。

六方向で同じものを認識するから、六方向は互いに引き合う関係となりバランスをとることができる。

時間が経過することによって六方向で異なるものを認識すると、六方向は互いに引き合う関係にならないから、脳の六方向のバランスをとることはできない。

「美しさのないものを美しさのあるものにする」などの長い言葉を認識していたときには、これらの長い言葉を認識するのに精一杯で現実の認識対象に意識を向ける余裕がなかった。

認識する言葉が六方向で一音ずつになった結果、現実の認識対象に意識を向ける余裕ができて、認識対象が変化することに気がついた。

脳の六方向でバランスをとるためには、脳の六方向で同じものを認識する必要がある。

六方向で同じものを認識するためには認識対象が変化しない必要があり、認識対象が変化しないためには六方向を同時に認識することが求められる。

しかし、六方向を同時に認識することはできないので「脳の六方向はバランスをとることができない」という結論になる。

35 脳はバランスをとっている

「脳はバランスをとることができない」としたが脳は実際にバランスをとっている。

意識には、意識できる顕在意識と意識できない潜在意識がある。

潜在意識は「顕在意識の十倍」といわれる想像できないような広大な意識領域を持つ。

脳の活性化した部分を画像で見ることのできる装置では、顕在意識と潜在意識の両方が活性化した部分を見ることになる。

そして、脳内における複数の個所が同時に活性化しているのを見る。

脳内において複数の個所が同時に活性化しているということは、脳は複数のものを同時に認識できる可能性がある。

脳が複数のものを同時に認識できると、脳の六方向も同時に認識できる可能性がある。

脳がその六方向を同時に認識できると、脳はその六方向のバランスをとることができる。

脳は潜在意識を使うことによって脳の六方向を同時に認識し、その六方向のバランスをとっていることが考えられる。

しかし、潜在意識を意識的に働かせることはできないから、脳のバランスを意識的にとることはできないことになる。

36 次元

左脳で「意味」を認識し、右脳で「美しさ」を認識することを示した。

左脳と右脳の左右方向を三次元に当てはめて考えると、三次元の左を向けば「意味」ばかりが存在し、右を向けば「美しさ」ばかりが存在するということになるが、そんなことはないから、三次元の方向と脳の方向は異なることがわかる。

左脳で認識する「意味」と右脳で認識する「美しさ」は、三次元ではすべての方向に存在する。

意識の上方で認識する「波動の細かさ」と意識の下方で認識する「波動の粗さ」も、三次元ではすべての方向に存在する。

意識の前方で認識する「自分以外のもの」と意識の後方で認識する「自分」も、自分の向く方向を変えれば三次元ではすべての方向に存在する。

脳における一方向の性質が、三次元ではすべての方向に存在することになる。

脳の一方向の性質が三次元ですべての方向に存在すると、脳の六方向の次元は三次元と異なることになる。

三次元の上に脳の六方向の次元が存在し、脳の一方向が三次元のすべての方向に該当する。

この考えかたをすれば、脳における一方向の性質が三次元のすべての方向に存在する理由を説明できる。

37 粒子性と波動性

小学校の理科の授業では、光に粒子としての性質と波としての性質があることを学んだ。

光が、粒子と波という二つの異なる性質を同時に持つことのできる理由が、当時の私にはわからなかったが、粒子と波という二つの性質が三次元より上の次元の性質だとすれば今更ながら理解することができる。

粒子と波という二つの性質は、三次元より上の次元においては、それぞれが特定の異なる方向に存在し、三次元に下りてくると両者ともすべての方向に存在する。

そのため、三次元では粒子と波という二つの性質が同時に存在することになる。

粒子と波という二つの性質は、粒子性と波動性と呼ばれる。

粒子性と波動性が、ともに三次元より上の次元の性質なら、三次元より上の次元は脳の六方向の次元なので、粒子性と波動性は脳の六方向のいずれかの性質に該当する。

粒子性と波動性の二つの性質が、「意味」「美しさ」「自分」「自分以外のもの」「波動の細かさ」「波動の粗さ」のいずれかに該当することになる。

意識の上下方向では「波動の細かさ」と「波動の粗さ」を認識するので、この軸が波動性に該当している。

意識の上下方向の軸が波動性に該当すると、粒子性は左脳と右脳、意識の前後方向のいずれかの軸に該当することになる。

左脳と右脳は「意味」と「美しさ」を認識するので、この軸は粒子性とは関係ない。

すると、粒子性は意識の前後方向で認識する脳の前後方向の軸に該当することになる。

意識の前後方向である脳の前後方向では「自分」と「自分以外のもの」を認識する。

そして、「脳の中心から外へ向かう流れ」が「非現実のもの」を「現実のもの」に変える。

宇宙では、何もない空間からプラスとマイナスの粒子が分離して生じる仕組みが考えられている。

　この無から有を生じる仕組みが、意識の前後方向において存在する「非現実のもの」を「現実のもの」に変える仕組みと一致する。

「何もない空間」は「現実のもの」が「何もない」という意味で、「非現実のもの」は存在している。

「非現実のもの」がプラスとマイナスという相反する性質の粒子に分離されることで、脳の前後方向の両端で認識される「現実のもの」に変わる。

　つまり、宇宙で物質が生成される仕組みと、意識の前後方向において存在する「非現実のもの」が「現実のもの」に変わる仕組みは同じことを指している。

　このことから、粒子性が意識の前後方向であり脳の前後方向でもある軸に該当することがわかる。

38 秩序性

意識の上下方向と前後方向で認識する「波動性」と「粒子性」は科学に出てくる言葉だが、左脳と右脳で認識する「意味」と「美しさ」という言葉は科学には出てこない。

「意味」と「美しさ」という言葉が科学に出てこないのはなぜなのか。

「意味」と「美しさ」はまとめて「秩序」という言葉で置き替えることができる。

宇宙に秩序が存在するから、その秩序を論理的に解明する科学という学問が成り立つ。

逆に宇宙に秩序がなければ、宇宙の仕組みを論理的に解明することはできないから科学という学問は成り立たない。

つまり、宇宙には秩序が存在することになる。

秩序は「意味」と「美しさ」だから、宇宙には「意味」と「美しさ」が存在する。

したがって、宇宙に「意味」と「美しさ」が存在することを科学で証明しようとすると、「意味」と「美しさ」は秩序なので、秩序を科学で証明することになる。

科学は宇宙に秩序が存在するから成り立つ学問なので、「科学」をいい替えれば「秩序」になる。

そのため、秩序を科学で証明しようとすると、秩序を秩序で証明することになり、これは不可能だから、科学には「意味」と「美しさ」という言葉が出てこない。

左脳と右脳で認識する「意味」と「美しさ」は、意識の前後や上下方向で認識する粒子性、波動性と並ぶ性質であるため、粒子性、波動性と同じように「性」の字をつけ、「秩序性」と表現する。

39 さらに上の次元（時間）

「意味のないものを意味のあるものにする」
「美しさのないものを美しさのあるものにする」
「自分についての夢や空想を現実にする」
「自分以外のものについての夢や空想を現実にする」
「波動の細かさのないものを波動の細かさのあるものにする」
「波動の粗さのないものを波動の粗さのあるものにする」

これら脳の六方向の次元における「脳の中心から外へ向かう流れ」を示す言葉には、いずれも「時間の経過」が存在する。

三次元ではすべての方向に存在する性質が脳の六方向の次元の性質だった。

脳の六方向の次元においてすべての方向に存在する「時間の経過」は、脳の六方向の次元より上の次元の性質になることが考えられる。

脳の六方向には「脳の中心から外へ向かう流れ」だけでなく「脳の外から中心へ向かう流れ」も存在する。

「脳の中心から外へ向かう流れ」を「時間の経過」ととらえているので、「脳の外から中心へ向かう流れ」は「未来から過去へ向かう時間」になる。

「未来から過去へ向かう時間」も脳の六方向に存在するから、脳の六方向より上の次元の性質になる。

「時間の経過」と「未来から過去へ向かう時間」は、ともに時間であることには変わりがない。

「時間の経過」と「未来から過去へ向かう時間」が、ともに脳の六方向より上の次元の性質と考えるより、「時間」が脳の六方向より上の次元の性質と考えるほうが自然になる。

そう考えると、「時間」という脳の六方向に存在する性質が、脳の六方向より上の次元の性質となる。

40 さらに上の次元（空間）

相対性原理で「時間」と空間は関係し合う性質であり、そのために「時間」と空間は同じ次元の性質だと考えられる。

「時間」と空間が同じ次元の性質だと、「時間」は脳の六方向の次元より上の次元の性質なので、空間も脳の六方向より上の次元の性質になる。

すると、「時間」と同じように空間も脳の六方向を示す言葉に、その性質があらわれることになる。

そのため、脳の六方向を示す言葉について一つ一つ見てみることにする。

「意味のないものを意味のあるものにする」

「美しさのないものを美しさのあるものにする」

「自分についての夢や空想を現実にする」

「自分以外のものについての夢や空想を現実にする」
「波動の細かさのないものを波動の細かさのあるものにする」
「波動の粗さのないものを波動の粗さのあるものにする」

これらのどれ一つをとってみても空間の性質があらわれているとはいえない。

そこで、「脳の中心から外へ向かう流れ」を左右前後上下へと向かう六本の矢印で描いてみる。

すると、中心から外へ向かう六本の矢印が空間の拡大する様子を示していることに気づく。

六方向全体で空間の性質があらわれることになり、六方向全体で空間の性質があらわれるということは、六方向の一つ一つは空間の性質の一部があらわれていることになる。

六方向のすべてが空間の性質の一部をあらわしていることになり、六方向のすべてが空間の性質の一部をあらわすということは、「空間」も脳の六方向より上の次元の性質ととらえることができる。

41 さらに上の次元（創造・破壊）

「脳の中心から外へ向かう流れ」も脳の六方向に存在するから、脳の六方向より上の次元の性質となる。

「脳の中心から外へ向かう流れ」は六方向とも創造を示しているので、「創造」が脳の六方向より上の次元の性質になる。

そして脳の六方向には「脳の外から中心へ向かう流れ」も存在するから、「脳の外から中心へ向かう流れ」である「破壊」も脳の六方向より上の次元の性質となる。

「創造」と「破壊」は互いに正反対の性質であることから、脳の六方向より上の次元では同じ方向の「中心から外へ向かう流れ」と「外から中心へ向かう流れ」だと考えられる。

そのため、脳の六方向より上の次元における「創造」と「破壊」を一つにまとめて

「創造・破壊」と表記することにする。

脳の六方向より上の次元には「時間」、「空間」、「創造・破壊」が存在することになる。

42 「時間」と「空間」は動かせる

私たちは「創造」と「破壊」を選択することができる。

脳の六方向より上の次元における「創造・破壊」の相反する性質を選択できることになる。

しかし、「創造・破壊」と同じ次元にある「時間」と「空間」については相反する性質を選択できない。

「時間」は過去から未来へ進む流れを逆行させることはできないし、「空間」は宇宙が拡大するのを縮小へ逆転させることはできない。

「創造・破壊」は脳の六方向で「意味」「美しさ」「自分」「自分以外のもの」「波動の細かさ」「波動の粗さ」の六つの性質に分かれる。

いっぽう、「時間」と「空間」については脳の六方向で性質が分かれない。

脳の六方向において性質が分かれるか否かが、相反する性質を選択できるか否かの違いになると考えられる。

「時間」と「空間」については脳の六方向で性質が分かれないから、脳の六方向より上の次元の性質がそのまま三次元にあらわれている。

脳の六方向より上の次元の「時間」と「空間」という二つの性質が、脳の六方向の次元を飛び越して三次元にあらわれており、三次元からみて「時間」と「空間」は二つ上の次元の性質になる。

二つ上の次元の性質は絶対的なものになることが考えられ、そのために私たちは「時間」と「空間」という二つの性質を動かすことができないのだと考えられる。

その「時間」と「空間」も、脳の六方向より上の次元では、それぞれが特定の方向に存在する。

そのため、脳の六方向より上の次元にいる存在にとっては「時間」と「空間」は動かすことのできる性質になる。

43 「時間」「空間」「創造・破壊」はエネルギー

脳の六方向より上の次元では「時間」が特定の方向に存在し、次元全体を包む「時間」が存在しない。

この次元全体では「時間」が流れないことになり、「中心から外へ向かう流れ」と「外から中心へ向かう流れ」が存在できない。

また、この次元では「空間」も特定の方向に存在することから、次元全体を包む「空間」が存在しない。

「空間」が存在しないということは、この次元全体においては左右前後上下の六方向が存在できない。

「中心から外へ向かう流れ」と「外から中心へ向かう流れ」、左右前後上下の六方向が存在しない次元で「時間」「空間」「創造・破壊」が、どのような形で存在するのかが疑問になる。

「中心から外へ向かう流れ」と「外から中心へ向かう流れ」、左右前後上下の六方向が存在しない次元で存在できるものを考える。

その次元で存在できるものはエネルギーしか思い浮かばない。

したがって、脳の六方向より上の次元では「時間」、「空間」、「創造・破壊」がエネルギーとして存在していることが考えられる。

44 「時間」のマイナスエネルギー

現実を認識すると、その現実が一秒後には頭のなかの記憶となる。

記憶は頭のなかだけの存在なので厳密には現実ではないから、現実は「今」という一瞬にしか存在しないことがわかる。

しかし、一秒後の頭のなかの記憶は、今という一瞬だけの現実と多くの点で共通している。

一秒後に記憶となった現実も今の現実と多くの点で共通するから、私たちは今の現実と記憶の現実を合わせて現実と呼んでいる。

厳密な意味での現実は「今」という一瞬だけなので、今という一瞬の現実と、記憶の現実を区別するため、記憶の現実を「過去」と表現することにする。

私たちの世界は「時間」が過去から未来へ進む。

過去から未来へ進む通常の「時間」の流れを、「時間」のプラスエネルギーと表現する。

記憶となった現実を思い出すときには「時間」が今から過去へ向かう。

今から過去へ向かう「時間」の流れは、過去から未来へ進む「時間」の流れの反対なので「時間」のマイナスエネルギーとなる。

記憶を思い出すとき、私たちは「時間」のマイナスエネルギーを生じさせていることとになる。

現実を認識するときには今との関係で過去も認識するから、私たちの意識には頻繁に「時間」のマイナスエネルギーが生じることになる。

45 「空間」のマイナスエネルギー

私たちの身体には肺という「空間」があり、その「空間」を縮小させたり拡大させたりして呼吸している。

息を吐くときには「空間」を縮小させ、息を吸うときには「空間」を拡大させている。

「空間」が拡大するのを「空間」のプラスエネルギーによるものだとすると、息を吸うときの私たちは「空間」のプラスエネルギーを生じさせている。

逆に息を吐くときには「空間」を縮小させるので、息を吐くときの私たちは「空間」のマイナスエネルギーを生じさせている。

私たちは、息を吸うときよりも吐くときのほうを多く意識する傾向がある。

そのため、私たちの意識には「空間」のプラスエネルギーより「空間」のマイナスエネルギーのほうが多く生じる。

ところが、私たちの周囲には「空間」のプラスエネルギーでできている「空間」があり、その「空間」を私たちは認識している。

周囲にある「空間」を認識して、私たちは常に意識に「空間」のプラスエネルギーを生じさせている。

周囲にある「空間」を認識して生じた「空間」のプラスエネルギーが過剰とならないように、時折、吐く息を意識して私たちは「空間」のマイナスエネルギーを生じさせていることが考えられる。

46 「片寄り」の平均化

宇宙は「時間」「空間」「創造・破壊」のすべてでプラスエネルギーへの「片寄り」がある。

このプラスエネルギーの「片寄り」の大きさは、プラスエネルギーの大きさと、それを抑えようとするマイナスエネルギーの大きさで決まる。

プラスエネルギーによって生じた「片寄り」に、「片寄り」を抑制しようとするマイナスエネルギーが働く。

プラスエネルギーを抑えるためにマイナスエネルギーが生じるから、プラスエネルギーとマイナスエネルギーはバランスをとり合う関係にあり、プラスエネルギーが強ければ、バランスをとるために生じるマイナスエネルギーは、それに比例して強くなることが考えられる。

そして、プラスエネルギーにマイナスエネルギーの圧力が加わると、プラスエネルギーはマイナスエネルギーの圧力のない方向へ移動する。

プラスエネルギーが同じ次元の他の性質へ移動することになる。

「時間」「空間」「創造・破壊」は、どれか一つに「片寄り」が生じると、その「片寄り」にマイナスエネルギーの圧力がかかり、その「片寄り」が他の性質へ移動して、他の性質でも「片寄り」が生じる。

そして、「片寄り」の大きなところには、それを是正するための大きなマイナスエネルギーが働き、「片寄り」の小さなところには、それを是正するための小さなマイナスエネルギーが働くから、「時間」「空間」「創造・破壊」の「片寄り」の大きさはすべて同じになることが考えられる。

47 労働

上位次元のエネルギーは強力であるため、その上位次元のエネルギーに私たちは従わざるをえない。

そのため、上位次元で生じている宇宙のプラスエネルギーの「片寄り」にも私たちは従わざるをえない。

宇宙の「片寄り」には「一定」の値が存在することから、宇宙の「片寄り」のうち「創造・破壊」のプラスエネルギーの「一定」の値を満たすために私たちは労働している。

「創造・破壊」の「一定」の値に対し、プラスエネルギーの足りないところを補う活動が労働という行為になる。

しかし、「創造・破壊」のプラスエネルギーが足りないところでも、プラスエネルギーをつくり続けると、やがて宇宙の一定の「片寄り」を超えてプラスエネルギーが過剰となる。

過剰となったプラスエネルギーには、これを抑制しようとするマイナスエネルギーが働くから、労働でつくった商品が売れなくなり、労力と「時間」、経費の無駄という何重もの苦しみを味わうことになる。

マイナスエネルギーが私たちに苦しみをもたらすことがわかる。

労働でつくった過剰な商品は、経済活動においては、在庫として、とっておく方法が採られる。

とっておいた在庫の商品は「創造・破壊」のプラスエネルギーの値が変化しない。

宇宙の「片寄り」の大きさは「時間」「空間」「創造・破壊」のすべてで同じなので、「時間」が経過するのに合わせて、求められる「創造・破壊」と「空間」のプラスエネルギーの値も増える。

宇宙は拡張を続けているので「空間」の値は私たちが増やす必要はないが、「創造・破壊」の値については私たちが増やす必要がある。

しかし、在庫の「創造」の値は変わらないので、経過する「時間」とともに増加しなければならない宇宙の「創造」の値に対し、在庫の「創造」の値が減少し、過剰だった「創造」の値が宇宙の「一定」の値に近づき、在庫の商品価値が高まるという現象が生じる。

48 苦しみの持続

脳の三軸で「片寄り」が生じると、「片寄り」をとり除くことが困難となる。

はじめに脳の一軸で「片寄り」が生じたとする。

この段階では「片寄り」と反対方向へ向かう力をつくればいいだけなので、「片寄り」をとり除くことは大きな困難さを伴わない。

しかし、最初の「片寄り」に加えて脳の別の軸でも「片寄り」が生じると、二軸で「片寄り」が生じた状態となり、二つの「片寄り」に同時に対応しなければならないから、「片寄り」をとり除くことは難しくなる。

さらに、残りの一軸でも「片寄り」が生じると、脳のすべての軸で「片寄り」が生じた状態になる。

この状態では「脳の中心」をとらえている軸がなくなる。

「片寄り」を判断する基準は「脳の中心」なので、「脳の中心」をとらえている軸がなくなると「片寄り」を「片寄り」として判断できなくなる。

「片寄り」を「片寄り」として判断できなくなると、私たちは脳の片寄った部分を「脳の中心」だと思い込む。

脳の片寄った部分を「脳の中心」だと思い込むと、「片寄り」を修正しようとは思わなくなる。

その結果、脳の「片寄り」が固定化されるという現象が生じる。

脳の「片寄り」については、これを修正するためのマイナスエネルギーが働くから、脳の「片寄り」が固定化されるとマイナスエネルギーが生じ続ける。

マイナスエネルギーが生じ続けると、マイナスエネルギーが苦しみをもたらすので、私たちの苦しみが持続することになる。

49 苦しみ

脳の「片寄り」によって、これを抑制しようとするマイナスエネルギーが生じ、そのマイナスエネルギーが私たちに苦しみをもたらす。

苦しみには精神的なものと身体的なものがあるが、精神活動によって脳の「片寄り」が生じるので、その「片寄り」を是正しようとするマイナスエネルギーは精神の営みにかかることになる。

マイナスエネルギーが精神にかかると、精神が苦しむことになる。

ところが、精神における苦しみが胃痛などの身体的な苦しみをもたらすことがある。

そのため、精神的な苦しみが、身体的な苦しみへと範囲を広げる可能性がある。

精神の苦しみが身体の苦しみへ広がることをふまえると、苦しみを単純に精神と身体のものに分けて考えることができない。

この観点から、苦しみを精神と身体とに区別せずに「苦しみ」とだけ表記している。

50 「創造・破壊」のマイナスエネルギー

「創造・破壊」のプラスエネルギーの「一定」の値を満たすために私たちは労働している。

宇宙の「創造・破壊」のプラスエネルギーの「一定」の値と比べ、プラスエネルギーの足りないところがあると、私たちはプラスエネルギーをつくって足りないところを補おうとする。

しかし、プラスエネルギーが足りないところでも「創造」をおこない過ぎると、「一定」の値を超えてプラスエネルギーが過剰になる。

過剰になったプラスエネルギーには、これを抑制するためのマイナスエネルギーが作用する。

過剰なプラスエネルギーを抑えようとするマイナスエネルギーは「片寄り」に働くから、大本のマイナスエネルギーは「片寄り」を持つ宇宙にかかっている。

そのため、大本のマイナスエネルギーは宇宙の外側で生じていることになる。

私たちが「創造」をおこなって「一定」の値より大きなプラスエネルギーをつくると、宇宙の外側で生じているマイナスエネルギーが「創造」をおこなった私たちにかかる。

過剰なプラスエネルギーを抑えるマイナスエネルギーが私たちに苦しみをもたらすので、過剰な「創造」をおこなった私たちは、その代償として苦しむことになる。

私たちが苦しまないためには「一定」の値を超えた「創造」をおこなってはいけないことになる。

すると、マイナスエネルギーの影響を受けないために「創造」をおこなわないという選択肢が考えられる。

その場合、「片寄り」を持つ宇宙の一部である私たちは、宇宙の一部であることをやめる必要がある。

しかし、私たちにとって宇宙は比較できないほど大きな存在であり、このとてつもなく大きなエネルギーに私たちは従わざるをえない。

そして、宇宙の「片寄り」を是正しようとするマイナスエネルギーも私たちにとっては比較にならない大きな存在であるため、私たちはこのマイナスのエネルギーにも従わざるをえない。

これらのことから、私たちは「創造」をおこない続けなければならないし、かつ過剰な「創造」をおこなってはいけないことになる。

51 ビッグバン

「時間」「空間」「創造・破壊」のいずれにおいても、宇宙はプラスエネルギーへの「片寄り」を持っている。

そして、「時間」「空間」「創造・破壊」のうち「創造・破壊」の性質だけが脳の六方向に分かれている。

「創造・破壊」の性質だけが脳の六方向に分かれているのは、宇宙が誕生したときに「創造・破壊」に、もっとも強いマイナスエネルギーが働いたためだと考えられる。

宇宙が誕生したときには最初に「創造・破壊」のプラスエネルギーが生じた。

プラスエネルギーが生じると、プラスエネルギーを抑圧するためのマイナスエネルギーも生じる。

「創造・破壊」のマイナスエネルギーによって抑圧された「創造・破壊」のプラスエネルギーが、「創造・破壊」のマイナスエネルギーの圧力のない「時間」と「空間」へ向かうことになる。

こうして、「時間」「空間」「創造・破壊」のいずれもがプラスエネルギーへの「片寄り」を持つことになった。

この状態になってもなお「創造・破壊」のプラスエネルギーが生じ続けたために、この「創造・破壊」のプラスエネルギーを抑えるための「創造・破壊」のマイナスエネルギーも生じ続けた。

「創造・破壊」で衝突を続けたプラスエネルギーとマイナスエネルギーは、エネルギーの逃げ場所としてエネルギーが衝突した次元より低次元への穴を開けた。

この穴には「創造・破壊」のプラスエネルギーとマイナスエネルギーが流れ込んだ。

低次元側からみた場合には上位次元の強力なエネルギーが流れ込んだことから、低次元である脳の六方向の次元(「粒子性」「波動性」「秩序性」の次元)には強力なエネルギーによる爆発的な現象が生じ、これが「ビッグバン」と呼ばれる現象だと考えられる。

「創造・破壊」で低次元が開かれたため、「創造・破壊」だけが脳の六方向、つまり「粒子性」「波動性」「秩序性」に分かれた。

こう考えると「創造・破壊」だけが脳の六方向に分かれている理由を説明することができる。

ビッグバンに至るまでのことを「時間」が経過するように書いているが、「時間」「空間」「創造・破壊」の次元では「時間」が流れないので、ビッグバンに至るまでのことは同時に起きたことになる。

52 「創造」をなくせば「片寄り」をなくせる？

「創造・破壊」のプラスエネルギーが脳の六方向の次元に下りてくると「意味」「美しさ」「自分」「自分以外のもの」「波動の細かさ」「波動の粗さ」の六つの性質に分かれる。

「創造・破壊」のプラスエネルギーが脳の六方向をつくっていることになる。

「創造・破壊」のプラスエネルギーへの「片寄り」がなければ「粒子性」「波動性」「秩序性」である脳の六方向は存在しなかったことから、「創造・破壊」のプラスエネルギーをなくせば脳の六方向はなくなり、脳の「片寄り」も存在しないことになると考えた。

この考えかたが正しければ、「創造・破壊」のプラスエネルギーをなくせば脳の

「片寄り」をなくせることになる。

「創造・破壊」のプラスエネルギーは「創造」であり、「創造」をなくせば脳の「片寄り」をなくせることになる。この考えが正しいかどうかを確かめてみる。

53 「創造」のない状態の求めかた

「創造・破壊」のプラスエネルギーがなければ、「時間」「空間」「創造・破壊」のいずれもが「片寄り」を持つこの宇宙は存在しなかったことから、「創造・破壊」のプラスエネルギー、つまり「創造」をなくせば宇宙の「片寄り」はなくなり、そのうちの「創造・破壊」の「片寄り」で生じた脳の六方向もなくなり、脳の「片寄り」がなくなると考えた。

この仮説が正しいかどうかを確かめるために、実際に「創造」のない状態を求めてみる。

「脳の中心から外へ向かう流れ」が「創造」なので、「脳の中心から外へ向かう流れ」をなくせば「創造」のない状態を求めることができる。

「脳の中心から外へ向かう流れ」をなくすためには、「脳の中心」だけを意識するようにする。

「脳の中心」だけを意識するためには、「脳の中心」である脳幹を意識する。

脳幹は心臓と肺の機能を司っていて、これらのうち心臓は意識的に動かすことができないが、肺は意識的に動かすことができるので、肺を動かすことで脳幹を意識することにする。

肺を動かすことは呼吸をすることであり、呼吸は呼と吸に分けられる。

呼は人体の「空間」である肺を縮小させており、吸は人体の「空間」である肺を拡大させている。

「空間」の縮小と拡大は「空間」のマイナスエネルギーとプラスエネルギーなので、脳の六方向より上の次元の「片寄り」となる。

上位次元の「片寄り」が下位次元を生じさせる原因となるので、「空間」のマイナスエネルギーとプラスエネルギーもなくすことが求められる。

「空間」のマイナスエネルギーと「空間」のプラスエネルギーをなくすためには、肺が縮小も拡大もしない状態を求める。

肺が縮小も拡大もしない状態とは息を止めた状態になる。

しかし、息を止める前に肺が縮小したり拡大したりしていると、「空間」のマイナスエネルギーかプラスエネルギーが生じた状態になり、その状態で息を止めるとマイナスエネルギーかプラスエネルギーへ片寄った状態が固定される。

そうならないためには、まず肺を縮小と拡大の中間の状態にする。

その次に息を止めて、その状態を認識することで「創造」のない状態を求めることにする。

54 「呼と吸の中間で息を止めた状態を認識する」の実験

「創造」のない状態を求めるための方法として、呼と吸の中間において息を止めた状態を認識することを考えた。

そのために、「呼と吸の中間で息を止めた状態を認識する」という言葉を心のなかで繰り返し唱えて、呼と吸の中間で息を止めた状態を認識してみる。

すると、一カ月ほどの期間では心の力が維持できたのに対し、それより後は心の力が失われた状態になることを体験した。

「呼と吸の中間で息を止めた状態を認識する」という言葉をずっと認識し続けると、同じ言葉を認識し続けることになる。

同じ言葉を認識し続けると脳内に新たな神経回路をつくらないから、脳内の特定の神経回路に生体電流を流し続けることになり「創造」に反する。

同じ言葉を認識し続けたことによって「創造」に反し続けた結果、心の力が失われたのだと考えられる。

しかし、一カ月ほどの間は心の力が維持できたことが逆に疑問として浮かんでくる。

55 認識したものには「破壊」が作用する

「呼と吸の中間で息を止めた状態を認識する」という言葉を繰り返し心のなかで唱えると、一カ月ほどしてから心の力が失われた状態になった。

まず、心の力が失われたことの原因について考えてみる。

脳の前後方向においては「脳の中心から外へ向かう流れ」によって「非現実のもの」を「現実のもの」に変える。

最初に認識する「非現実のもの」は脳の前後方向から挟まれた部分で認識され、次に認識する「現実のもの」は脳の前後方向の両端で認識される。

ところが、私たちが「現実のもの」を認識すると、一秒後には記憶という頭のなかだけの存在に変わる。

一秒前まで「現実のもの」だったが、次の瞬間には厳密な意味での「現実のもの」ではなくなり「非現実のもの」となる。

私たちが認識したものには、「現実」から「非現実」へという脳における流れがあることになる。

「現実」から「非現実」への流れは、脳の前後方向の両端から脳の前後方向から挟まれた部分への移行なので「脳の外から中心へ向かう流れ」になる。

私たちが認識したものには「脳の外から中心へ向かう流れ」が作用していることになる。

「脳の外から中心へ向かう流れ」は「破壊」を示すものであるため、私たちが認識したものには「破壊」が作用することになる。

認識したものに「破壊」が作用すると、「呼と吸の中間で息を止めた状態を認識する」という同じ言葉を認識し続けると「破壊」が作用し続けることになり、そのことによって心の力が失われたのだと考えられる。

56 重力は「創造・破壊」に影響する

次に、同じ言葉を認識し続けたにもかかわらず一カ月間ほどは心の力が維持できた理由について考える。

相対性原理では重力が「時間」と「空間」に影響を及ぼすことが、科学の世界では周知の事実となっている。

「時間」と「空間」に影響を及ぼすということは、重力が「時間」と「空間」より上の次元の性質であることを示している。

重力が「時間」と「空間」より上の次元の性質であることも、科学の世界では周知の事実になっている。

そして「時間」と「空間」は「創造・破壊」と同じ次元の性質なので、重力が「創造・破壊」より上位次元の性質となる。

重力が「創造・破壊」より上位次元の性質だとすると、重力が「創造・破壊」に影響を及ぼすことになる。

私たちの「創造・破壊」が重力の影響を受けることになる。

地球上にいる私たちは、地球上の重力の影響を受けている。

その地球上の重力は月と太陽の引力の影響によって微妙に変化していることがわかっている。

月は太陽よりかなり小さいが太陽よりはるかに地球に近いため、地球上における月の引力は太陽の引力の倍ほどの大きさになる。

月が地球に近づいたり逆に遠ざかったりしながら、地球の周りを二十七・三日周期で回っている。

近づいたり離れたりする月の引力の影響で、地球上の重力は二十七・三日周期で増えたり減ったりを繰り返している。

地球上の重力が増えたり減ったりすると、私たちの「創造・破壊」も増えたり減ったりすることになる。

ただし、地球上における重力変化は微妙であり、私たちの「創造・破壊」の変化も微妙なものになる。

私たちの「創造・破壊」が微妙に変化すると、同じ言葉を認識し続けているつもりでも、その同じ言葉の「意味」が微妙に異なって感じられることが考えられる。

同じ言葉の「意味」が微妙に異なって感じられると、同じ言葉を認識し続けているつもりでも二十七・三日間は微妙に異なる「意味」を認識している。

同じものを認識するから「破壊」が作用するので、微妙にではあっても異なるものを認識すると「破壊」は作用しない。

したがって、同じ言葉を認識し続けても二十七・三日間は「破壊」が作用しないから、この期間は心の力が維持できることになる。

しかし、二十七・三日間が過ぎると二十七・三日前と同じ「意味」を認識するから「破壊」が作用するようになる。

そのため、「呼と吸の中間で息を止めた状態を認識する」という言葉を心のなかで唱え続けた実験では、二十七・三日間は心の力が維持できたが、二十七・三日間が過ぎた後に「破壊」が作用するようになって心の力が失われたのだと考えられる。

57 単語の入れ替え

「破壊」が作用するのを防ぐためには、二十七・三日間が経過する前に認識する言葉を変化させる必要がある。

たとえば、「呼と吸の中間で息を止めた状態を認識する」という言葉を認識した場合、その言葉を認識し続けて二十七・三日間が経過した時点で「破壊」が作用するようになる。

そして、「呼と吸の中間で息を止めた状態を認識する」という言葉のなかで「破壊」が作用する要素を、「呼」「吸」「中間」「息」「止めた」「状態」「認識する」という複数の単語に分けることができる。

これら複数の単語は二十七・三日間が経過した後に認識すると、言葉の一部ではあっても同じものを認識するから「破壊」が作用するようになる。

そのため、二十七・三日間が経過する前に、これらの単語の一つ一つをすべて別の単語に入れ替えるようにする。

そして、すべての単語を入れ替えようとして一度も使ったことのない新しい単語を探していると、二十七・三日間が経過する度に入れ替える単語の候補が少なくなってくる。

そのことから、すべての単語を新しいものに入れ替えるのではなく、過半数の単語を新しいものに入れ替えればいいというように考えかたを改めることにする。

過半数の単語が新しいものなら、言葉のなかの過半数の部分に「破壊」が作用しないことになる。

この宇宙における「片寄り」の一つは「創造」への「片寄り」なので、「破壊」が作用しない単語は「創造」が作用する単語になる。

「破壊」が作用する単語より「創造」が作用する単語の数が上回れば、言葉のなかの

「創造」が「破壊」を上回ることになる。

58 先にある単語が強く意識される

同じ言葉を繰り返し認識すると、言葉のなかの先にある単語が後にある単語より強く意識されるようになる。

たとえば、「呼と吸の中間で止めた息を認識する」という言葉では「吸」の前に「呼」があるため「吸」よりも「呼」が強く意識される。

逆に「吸と呼」を含む言葉だと「呼」の前に「吸」があるので「呼」よりも「吸」が強く意識される。

脳の前後方向においては「現実のもの」が前後方向の端で認識され、脳の中心である脳幹から、もっとも遠い位置にあることになる。

そして、その「現実のもの」が一秒後には厳密な意味での「現実のもの」ではなくなり、頭のなかだけの「非現実のもの」に変わるので、私たちが認識したものには「脳の外から中心へ向かう流れ」が作用している。

認識したものに「脳の外から中心へ向かう流れ」が作用すると、「時間」の経過とともに記憶が脳幹の近くへ移動する。

そして、脳幹の近くに移動すると、脳幹にある生体電流の影響を受けやすくなる。脳幹の生体電流の影響を受けると、その生体電流の作用によって記憶が維持されやすくなることが考えられる。

つまり、脳の端にある新しい記憶より、脳の中心付近にある古い記憶のほうが維持されやすい。

この原理を踏まえて言葉を考えると、同じ言葉のなかで先にある単語は、後にある単語より古い記憶なので強く意識されるのだと考えられる。

しかし、「強く意識される」といっても、同じ言葉を長時間にわたり繰り返し認識し続けて、はじめて感じられる程度の微妙な変化でしかない。

59 呼と吸の指向性

「呼と吸の中間で止めた息を認識する」という言葉では「呼」が「吸」の前にあるため、「呼」が「吸」よりも強く感じられる。

逆に「吸と呼の中間で止めた息を認識する」という言葉では「吸」が「呼」の前にあるため、「吸」が「呼」よりも強く感じられる。

「呼」と「吸」のように、どちらかが強く意識されると不自然になる、平等に意識されるべき単語は、ときどき順番を入れ替えて認識する必要がある。

そして、順番を入れ替えて認識していると不思議なことに気づく。

「呼と吸の中間で止めた息を認識する」と、「吸と呼の中間で止めた息を認識する」では、どちらかが微妙に左脳、どちらかが微妙に右脳への「片寄り」が感じられる。

「呼と吸の中間で止めた息を認識する」と「吸と呼の中間で止めた息を認識する」は、

ともに「創造」のない状態を求めており、「創造」のない状態は左脳と右脳の中間で感じられる。

にもかかわらず左脳か右脳かへの「片寄り」が感じられるのは、「呼」と「吸」のどちらかが左脳、どちらかが右脳と結びつく力のあるためだと考えられる。

しかし、呼と吸は、肺の「縮小」と「拡大」という「空間」のマイナスエネルギーとプラスエネルギーなので脳の六方向より上の次元の性質であり、脳の六方向の次元ではすべての方向に存在することから、特定の方向を指向するものではない。

では、「呼と吸の中間で止めた息を認識する」と「吸と呼の中間で止めた息を認識する」で、どちらかが微妙に左脳、どちらかが微妙に右脳への「片寄り」が感じられるのはどうしてだろうか。

吸は、肺が拡張するから「空間」のプラスエネルギーであり「脳の中心から外へ向かう流れ」を生じる。

「脳の中心から外へ向かう流れ」は「片寄り」をつくる力であり、吸を認識すると「片寄り」をつくる力が生じる。

反対に呼は、肺が収縮するから「空間」のマイナスエネルギーであり「脳の外から中心へ向かう流れ」を生じる。

「脳の外から中心へ向かう流れ」は「片寄り」を抑える力なので、呼を認識すると「片寄り」を抑える力が生じる。

「片寄り」を抑える力が「片寄り」に作用すると、抑えられた「片寄り」をつくる力の一部は「片寄り」と反対方向へ向かう。

そのときに「脳の中心」を意識していると、意識が「脳の中心」にあるため「脳の外から中心へ向かう流れ」が認識されずに「脳の中心から外へ向かう流れ」だけが認識される。

「片寄り」と反対方向へ向かう「脳の中心から外へ向かう流れ」だけが感じられることになる。

すると、左脳への「片寄り」がある場合は、吸を認識すると「脳の中心」から左脳側へ向かう力が感じられ、呼を認識すると「脳の中心」から右脳側へ向かう力が感じられることになる。

60 「創造」のない状態を求める言葉における「呼」「吸」の固定

「創造」のない状態を求める言葉のなかの、呼と吸を意味する単語の順番によって、左脳側か右脳側かへの「片寄り」の生じることがわかった。

呼と吸を意味する単語は「空間」のマイナスエネルギーとプラスエネルギーであり、「空間」のマイナスエネルギーとプラスエネルギーは脳の六方向より上の次元の性質なので、脳の六方向へは同時に作用する。

脳の六方向を同時に認識できないから、脳の六方向のバランスをとることを諦めた経過がある。

脳の六方向へ同時に作用する力があれば、脳のバランスをとることができる。

呼を意味する単語は「空間」のマイナスエネルギーなので「脳の外から中心へ向かう流れ」であり、「片寄り」を抑える力になる。

吸を意味する単語は「空間」のプラスエネルギーなので「脳の中心から外へ向かう流れ」であり、「片寄り」をつくる力になる。

呼を意味する単語を常に吸を意味する単語の前に置けば、「片寄り」をつくる力より「片寄り」を抑える力がわずかに上回り脳のバランスをとることができる。

そのときに「創造」のない状態を認識していれば、意識が「脳の中心」にあるため「脳の外から中心へ向かう流れ」である「破壊」が認識されずに、「脳の中心から外へ向かう流れ」である「創造」だけが認識される状態になる。

潜在意識は「脳の外から中心へ向かう流れ」である「破壊」も認識しているが、顕在意識は「創造」だけを認識した状態になる。

「創造」のない状態を求める言葉のなかの呼と吸を意味する単語の順番を、「呼」「吸」の順番で固定して認識すれば、顕在意識では「創造」だけを認識した状態で脳のバランスをとることができる。

61 「創造」のない状態を求める言葉のルール

「創造」のない状態を求める言葉には、いくつかのルールがある。

呼と吸を意味する単語は、胸の一部分を使ったものを避ける必要がある。

たとえば、呼と吸を意味する単語を「気管から空気を出す」と「気管に空気を入れる」にすると、気管は胸の一部分であって胸全体を指す単語ではない。

肺には感覚神経がないから呼吸を感覚的にとらえようとすると、肺が膨らんだり萎んだりするときの胸全体の感覚になる。

ところが、認識するのが胸の一部だと、肺が膨らんだり萎んだりするときの胸全体の感覚がないから呼吸を意識することができない。

実際に肺が膨らんだり萎んだりすれば胸全体が膨らんだり萎んだりするので、その感覚で呼吸を意識することができる。

しかし、呼と吸の中間で息を止めた状態を認識しており、肺が膨らんだり萎んだりしないから呼吸を意識することができない。

肺の器官の「肺胞」という単語を使った場合も同じで、私たちは常に一つのものしか認識できないから常に一つの肺胞しか認識できない。

一つの肺胞しか認識できないと、胸全体を感じることができずに呼吸を意識することができなくなる。

呼吸を意識するためには「吐く」と「吸う」などのように呼吸そのものを意味する単語か、胸全体が感じられる単語を選んで認識する必要がある。

このほかにも、日本語を外国語に置き替えるときには注意が必要になる。

日本語を外国語に置き替えても頭のなかで変換される和訳が同じなので、異なる単語ではなく同じ単語として認識される。

また、異なる品詞同士でも語幹が同じなら基本的な意味が同じなので、異なる単語ではなく同じ単語として認識される。

これらのほかにも注意を要することがある。

「肺の容量の中間で止めた息を意識する」という言葉をつくったとする。

この表現は一見すると問題なさそうに見えるが、呼と吸を意味する単語がない。肺はどんなに小さくしても小さくできる限界があるから、大きさがゼロにはならない。大きさがゼロにならないということは「肺の容量の中間」が「呼と吸の中間」にはならないことになる。

つまり、「肺の容量の中間で止めた息を意識する」という言葉は、「創造」のない状態を求める言葉としては正しいものではないということになる。

このように、「創造」のない状態を求める言葉には、いくつか注意しなければならないことが出てくる。

62 再び使用できる造語

同じ単語を二十七・三日間以上、認識し続けることは「破壊」が作用することになる。

「創造」のない状態を求める言葉には必ず呼と吸を意味する単語が入るが、呼と吸を意味する単語も、同じ単語を二十七・三日間以上、認識し続けると「破壊」が作用するようになる。

そのため、呼と吸を意味する単語を別の単語に入れ替える必要がある。

「創造」のない状態を求める言葉に使う、呼と吸を意味する単語を探しているときに「深呼吸」という単語を思いついた。

「深呼吸」という単語は、息を吐く「呼」を意味する単語と、息を吸う「吸」を意味する単語に分けることができるから、実際に分けると深い呼を意味する「深呼」と、深い吸を意味する「深吸」になる。

「深呼吸」という単語は辞書に載っているものの「深呼」と「深吸」という単語は辞書に載っていない。

しかし、深呼吸をするときには必ず深い呼である「深呼」と、深い吸である「深吸」をおこなっている。

辞書には載っていないがその状態は存在するので、「深呼」と「深吸」という造語を使って「創造」のない状態を求める言葉をつくってみる。

そして、その言葉を二十七日間にわたり認識し続けてみると、「深呼」と「深吸」という造語が「創造」のない状態を求める言葉に使えることがわかった。

次に、「深呼」と「深吸」の上に「すごい」を意味する「超《ちょう》」をつけた「超深呼」と「超深吸」という造語を使って「創造」のない状態を求める言葉をつくってみた。

「超深呼」と「超深吸」という言葉も「創造」のない状態を認識するのに使えることがわかった。

続けて、「深呼」と「深吸」の「深」を「本当の」を意味する「真」に替えた「真呼」と「真吸」で「創造」のない状態を求める言葉をつくり、二十七日間にわたり認識してみた。

「深」と「真」は、ともに「しん」と発音し、両者の違いを最初に区別するのは字の形になる。字の形を区別するのは右脳の働きになる。

そして、「真呼」と「真吸」を使った言葉も「創造」のない状態を認識するのに使えることがわかった。

さらに、「真呼」と「真吸」の上に「超」をつけた「超真呼」と「超真吸」でも実験し、これらが「創造」のない状態を求める言葉に使えることがわかった。

これらの造語は一般的に使われることがない。

一般的に使われないということは、二十七日間認識し続けた単語が、それより後は認識されないことになる。

潜在意識と顕在意識は基本的には同じだと考えられ、ずっと認識されることがないと顕在意識だけでなく潜在意識でも忘れる。

認識したものには「破壊」が作用するが、顕在意識と潜在意識で忘れたものは認識していないことになるので「破壊」が作用しない。

顕在意識と潜在意識の両方で忘れた後に、忘れた造語を再び認識しても「破壊」が作用しないから、「創造」の作用する単語として認識される。

つまり、一般的に使われない造語は、二十七日間「創造」のない状態を求める言葉で使った後、いずれ再び「創造」の作用する単語として使えることになる。

63 助詞

「深呼」「深吸」から「超真呼」「超真吸」までの実験は決まった言葉でおこなった。「創造」のない状態を求める言葉は、最後が「認識する」などの動詞で終わることが多い。

しかし、言葉を認識した段階で「認識する」を実行しているわけだから、「認識する」という単語は省略することもできる。

たとえば「呼と吸の中間で止めた息を認識する」という言葉では「呼と吸の中間で止めた息」という言葉を認識した段階で、呼と吸の中間で止めた息を認識しているから、「を認識する」を省いて「呼と吸の中間で止めた息」だけでいいことになる。

さらに、言葉で示した状態が一つであれば、それ以外の状態を認識することはないため、状態を固定するための単語も省くことができる。

「呼と吸の中間で止めた息」という言葉では、「で止めた」という言葉で状態を固定しているので、「で止めた」を省いて「呼と吸の中間の息」でいいことになる。

加えて、「息」という単語は「呼と吸」という言葉で既に示されているので省くことができる。

そのため、「創造」のない状態を求める言葉は「呼と吸の中間」だけでいいことになる。

実験は「呼と吸の中間」のうちの「中間」を「真ん中」という単語に入れ替えた「呼と吸の真ん中」という言葉でおこなった。

「真ん中」という単語は、私がそれ以前にも度々使用していた、「破壊」の作用する単語になる。

「呼と吸」の部分を「深呼と深吸」や「超真呼と超真吸」などに入れ替えた。

実験は「深呼と深吸」から「超真呼と超真吸」まで四種類の造語の組み合わせでおこなったので、二十七日間を四回経験した。

そして、四回目の二十七日間の途中で自信を失っていくのを感じた。

自信を失っていく状態になって、これまで注目してこなかった助詞の「と」と「の」の存在に気づいた。

助詞の「と」と「の」は四回の二十七日間で、まったく変化させていなかった。

助詞は単体でみると独立した意味を持たないが、言葉のなかの複数の助詞全体が一つの単語のように認識されるのだと思われる。

助詞全体が一つの単語として認識される場合では、二十七・三日後も助詞全体が同じだと「破壊」が作用することになる。

「深呼」「深吸」から「超真呼」「超真吸」までの実験では、三回目の二十七日間まで「破壊」が作用しなかった。

このことから、助詞全体が単語より独立性がないため、二十七日間を四回経る間に少しずつ「破壊」が作用するようになっていったことが考えられる。

助詞全体に「破壊」が作用すると、助詞全体を一つの単語のようにとらえる必要があり、助詞全体を二十七日間ごとに入れ替えることにする。

考えた。

64 助詞全体が一つの単語

「創造」のない状態を求める言葉のなかの助詞全体が一つの単語のようになることを考えた。

　助詞全体が一つの単語だと、助詞全体がそれまでの二十七日間で使用したことのないものなら「創造」の作用する単語として認識される。

　その場合、「創造」のない状態を求める言葉の助詞全体が「創造」の作用する単語となり、単語の合計が四つのときは助詞全体を単語として加えて、単語の合計としては五つとなる。

　単語の合計が五つのときは助詞全体が「創造」の作用する単語になり、単語の合計としては六つになる。

「創造」のない状態を求める言葉をつくっていると、やがて助詞全体で同じものが出てくる。

助詞全体が一つの単語なので、助詞全体で同じものが出てくると、その助詞全体は「破壊」の作用する単語として単語数に加わる。

ただし、助詞全体は四回の二十七日間で少しずつ「破壊」が作用するようになったので、通常の単語のように二十七日ごとに入れ替えたのでは「創造」が多少、過剰になることを考慮する必要がある。

65 「創造」のない状態を求める言葉の停止

助詞全体には四回の二十七日間で少しずつ「破壊」が作用することが考えられ、助詞全体を普通の単語と同じようには扱えない。

同じ助詞全体で四回の二十七日間を経験したら、その助詞全体は単純に「破壊」の作用する単語として扱うことができる。

それまでは助詞全体は中途半端に「創造」の作用する単語であり、一回の二十七日間だけで「破壊」の作用する単語とみなすと実際には中途半端な「創造」が作用するから、「創造」のない状態を求める言葉としては宇宙の「一定」の値よりも過剰な「創造」が生じる状態になる。

宇宙の「片寄り」である「一定」の値より過剰な「創造」をつくらないようにするためには、過剰なものとして生じた「創造」を宇宙の「一定」の値に近づける必要がある。

そのためには「創造」のない状態を求める言葉を、しばらく認識しない必要がある。「創造」のない状態を求める言葉を、しばらく認識しないようにすれば、「時間」の経過とともに、過剰な「創造」が宇宙の「一定」の値に近づくことが考えられる。

66 同音異義語

「深呼」「深吸」から「超真呼」「超真吸」までの実験に続いて、「真呼」「真吸」の「真」を「芯《しん》」に替えた「芯呼」「芯吸」を使った言葉で実験をした。

このときは、助詞の「と」「の」を「から」「への」に替えており、全体としては「芯呼から芯吸への中間」という言葉を認識した。

しかし、助詞をすべて入れ替えたにもかかわらず、二十七日間の途中で自信を失っていくのが感じられた。

それまでは造語の「深呼」「深吸」、「超深呼」「超深吸」、「真呼」「真吸」、「超真呼」「超真吸」、「芯呼」「芯吸」を使い、「創造」のない状態を求める言葉をつくった。「深呼」「深吸」、「真呼」「真吸」、「芯呼」「芯吸」は同音異義語で区別するのに右脳が使われる。

「超深呼」「超深吸」と「超真呼」「超真吸」も同音異義語であるため、区別するのに右脳が使われる。

右脳で区別する同音異義語を続けて認識し過ぎたために右脳を多用することになり、そのことが原因で右脳への「片寄り」が生じ、その「片寄り」を抑えるマイナスエネルギーが生じて自信を失ったことが考えられる。

右脳への「片寄り」も「片寄り」なので、これをとり除く必要がある。

識別するのに右脳を使う同音異義語は、「創造」のない状態を求める言葉に連続して使用すると右脳を多用することになり、その結果として右脳への「片寄り」が生じることが考えられる。

そのため、「創造」のない状態を求める言葉には同音異義語を連続して使用しないことにする。

ただし、「深呼」「深吸」、「真呼」「真吸」、「芯呼」「芯吸」の同音異義語の間には「超深呼」「超深吸」と「超真呼」「超真吸」を挟んでいたので、「深呼」「深吸」、「真呼」「真吸」、「芯呼」「芯吸」は連続していなかった。

しかし、間に挟んだ「超深呼」「超深吸」と「超真呼」「超真吸」が同音異義語同士だったことから、同音異義語が集中した状態になっていた。

同音異義語は、連続していなくても集中した状態を避ける必要があることになる。

67 「、」

「創造」のない状態を求める言葉のなかの呼と吸を意味する単語は、「呼と吸」のように助詞の「と」を使ってつなぐのが一般的だ。

しかし、「と」ばかり使ってつないでいると、呼と吸を意味する単語と助詞の「と」の部分が一つの単語のようになり、呼と吸を意味する概念と助詞の「と」が同じなので「破壊」の作用する部分になるのではないかという懸念が生じた。

そのため「と」の代わりになるものを考え、呼と吸を意味する単語の間に「、」を入れて「と」の代わりになるかを実験した。

そして、「〻」を使って呼と吸を意味する単語をつないで「創造」のない状態を求める言葉をつくり、二十七日間、認識し続けてみたところ、「〻」が「創造」のない状態を求める言葉に使えないことがわかった。

「〻」は発音がないため「創造」のない状態を求める言葉の発音が「〻」の部分で途切れてしまう。

発音が途切れると言葉の意味を一体的に認識することができなくなる。

「創造」のない状態を求める言葉の「意味」を一体的に認識できないと、「創造」のない状態が求められなくなる。

そこで、「〻」に「てん」や「ちょん」という発音をつけて「創造」のない状態を求める言葉を認識してみた。

しかし、「〻」を「てん」や「ちょん」という発音として認識してみても「〻」には「意味」がないので「創造」のない状態を求める言葉の「意味」が「〻」の部分で途切れてしまい、「創造」のない状態を求める言葉の「意味」を一体的に認識できなくなる。

そして、言葉全体を一体的に認識するため、言葉全体を「意味」ではなく視覚的要素として認識することにした。

視覚的要素は右脳で認識するものなので、視覚的要素だけで言葉全体を認識すると「創造」のない状態を求める言葉の「意味」が認識できなくなる。

これらのことから「、」は「創造」のない状態を求める言葉には使えないことがわかった。

そもそも、助詞全体で何か一つを変化させればいいとしたので、呼と吸を意味する単語を常に「と」によってつないでいても、ほかの助詞を変えれば問題ないことになる。

68 「から」などの助詞

呼と吸を意味する単語は「、」のほかに「から」を入れてつないでみる実験をしたことがあった。

そのときは呼と吸を意味する単語の間に「から」を入れ、呼と吸を意味する単語の終わりに「まで」を入れて「創造」のない状態を求める言葉をつくった。

この「から」と「まで」という助詞は「時間」の経過を意味している。「創造」のない状態を求める言葉は「時間」「空間」「創造・破壊」において「片寄り」のない状態を求めるために認識している。

「時間」の経過を意味する「から」と「まで」が「創造」のない状態を求める言葉のなかに入ると、言葉を認識したときに「時間」での「片寄り」が生じることになる。

そのため、「から」と「まで」という助詞を使った言葉による実験では、実際に二十七日間の途中で自信を失っていく結果になった。

実は、それ以前にも「から」と「へ」を使い、「創造」のない状態を求める言葉をつくったことがあった。

それが、同音異義語の実験の最後の「芯呼から芯吸への中間」だった。

このときも二十七日間の途中で自信を失っていくことになったが、このときには同音異義語を集中して認識した結果、右脳側への「片寄り」が生じたことが自信を失った原因だと考えた。

しかし、「から」と「へ」を使ったことで「時間」での「片寄り」の生じたことが、自信を失った原因であることが考えられる。

そのことから、「から」と「まで」や「から」と「へ」など「時間」での「片寄り」の生じる助詞は、「創造」のない状態を求める言葉に使わないことにする。

69 「創造」の作用する単語と「破壊」の作用する単語

「創造」のない状態を求める言葉を認識して脳の六方向のバランスをとっていると、「破壊」の作用する単語と「創造」の作用する単語の割合が気になってくる。「創造」の作用する単語の数が「破壊」の作用する単語の数を上回れば、「創造」が「破壊」を上回ることになる。

そして、「創造」の作用する単語と「破壊」の作用する単語が同数でも、「創造」の作用する単語を「破壊」の作用する単語より順番で先に持ってくれば「創造」が「破壊」をわずかに上回ることになる。

しかし、「創造」の作用する単語と「破壊」の作用する単語が同数で、「創造」の作用する単語を「破壊」の作用する単語の前に持ってきた言葉を繰り返し認識していても、「創造」が「破壊」を上回る気がしない。

そこで、改めて「創造」の作用する単語と「破壊」の作用する単語の関係について考えてみる。

「破壊」の作用する単語は、同じ単語を二十七・三日後に認識したとき「破壊」が作用するから、つけた呼びかただった。

二十七・三日を超えて同じ単語を認識した場合には「破壊」が作用する。

いっぽうで、「創造」の作用する単語は二十七・三日が経過する前に同じ単語を認識することだった。

月の作用によって二十七・三日間は重力が微妙に変化するから、同じ単語を認識し続けても認識する単語の意味が微妙に変化して「破壊」が作用しないことになる。

「破壊」が作用しない単語は「創造」への片寄りを持つ宇宙では「創造」が作用する単語になる。

そして、「創造」への片寄りを持つ宇宙では、「創造」への「片寄り」は「一定」の値を満たす必要がある。

そのため、「創造」の作用する単語と「破壊」の作用する単語の数も「一定」の値を満たす必要があることになる。

70 「創造」の作用する単語と「破壊」の作用する単語2

意識において「創造」が「破壊」を上回った部分が、顕在意識という意識できる意識になる。

だから私たちの顕在意識は「創造」と善という「創造・破壊」のプラスエネルギー

を志向している。

意識のなかにおいて「創造」が「破壊」を上回った部分が顕在意識となっているため、意識のなかの「創造」と「破壊」が同量の部分が潜在意識となる。

潜在意識は、顕在意識の十倍ともいわれる広大な意識領域を持つ。

仮に潜在意識と顕在意識の割合が十対一の場合を考えると、顕在意識が意識全体の九％になる。

これは宇宙の「片寄り」の「一定」の値が九％であることを意味する。

すると、「創造」と「破壊」の作用する単語の数は、「創造」の作用する単語の数が「破壊」の作用する単語の数より九％多いことが求められる。

そのため、「創造」の作用する単語と「破壊」の作用する単語の数の割合は五四・五％対四五・五％になる。

宇宙の「一定」の値に対して「創造」が不足すると「破壊」に近づき、逆に「創造」が過剰ならマイナスエネルギーが生じて私たちに苦しみがもたらされるから、私たちは「一定」の値を満たそうとする。

「創造」のない状態を求める言葉は、単語の合計が四つのときは「創造」の作用する単語を三つ、「破壊」の作用する単語を一つにする。

そのときの「創造」の作用する単語と「破壊」の作用する単語の数の割合は七五％対二五％になる。

単語の合計が五つのときは、「創造」の作用する単語を三つ、「破壊」の作用する単語を二つにするから、「創造」の作用する単語と「破壊」の作用する単語の数の割合は六〇％対四〇％になる。

単語の合計が六つから十一までのときを考えても、「創造」の作用する単語と「破壊」の作用する単語の数の割合を五四・五％対四五・五％にすることはできない。

しかし、「片寄り」の「一定」の値の九％は、顕在意識と潜在意識の割合を一対十と仮定した場合の数字だった。

「一定」の値は正確な数字がわからないので、「創造」の作用する単語の数と「破壊」の作用する単語の数の割合は正確な数字がわからないことになる。

71 「創造」の作用する単語と「破壊」の作用する単語3

脳は実際には「片寄り」をとるため活動しており、潜在意識が脳の六方向を同時に認識して、その六方向のバランスをとっている。

顕在意識は常に一つの方向しか認識できないが、潜在意識は六方向を同時に認識できることを考えた。

すると、一つの方向しか認識できない顕在意識に対し潜在意識は六方向を同時に認識できるので、潜在意識は顕在意識の六倍以上の意識領域があると推測できる。

仮に、潜在意識が顕在意識の六倍だと、顕在意識と潜在意識の割合は一対六になることから、これを百分率に直して約一四・三％対八五・七％になる。

潜在意識が八五・七％より少ないと脳の六方向を同時に認識することは難しいと考えられ、潜在意識が八五・七％を下回らないから顕在意識は最大で一四・三％になる。

顕在意識が一四・三％の状態は意識全体のなかの「創造」が「破壊」を一四・三％上回り、「創造」の作用する単語の数と「破壊」の作用する単語の数だと、「創造」の作用する単語の数が「破壊」の作用する単語の数より一四・三％多い状態になる。

この状態は、「創造」の作用する単語と「破壊」の作用する単語の数の割合が約五七・二％対四二・九％になる。

顕在意識は一四・三％より大きくなることはないと考えられるので、「創造」の作用する単語の数の割合は五七・二％を超えないことになる。

そして、「創造」のない状態を求める言葉は、単語の合計が四つだと「創造」の作用する単語を三つにして言葉全体に占める割合が七五％、単語の合計が五つだと「創造」の作用する単語を三つにして全体に占める割合が六〇％。

単語の合計が六つだと「創造」の作用する単語を四つにして全体に占める割合が約六七％、単語の合計が七つだと「創造」の作用する単語を四つにして全体に占める割合が約五七％、単語の合計が八つだと「創造」の作用する単語を五つにして全体に占める割合が約六三％、単語の合計が九つだと「創造」の作用する単語を五つにして全体に占める割合が約五六％になる。

これらのうち「創造」の作用する単語の占める割合が低い、単語の合計が七つの約五七％と、単語の合計が九つの約五六％の場合でも、五七・二％が想定される最大値なので、実際には「創造」の作用する単語の数が過剰だと考えられる。

つまり、単語の合計が四つから九つまでは、いずれも「創造」の作用する単語の数が「一定」の値より過剰であることが考えられる。

72 三次元は存在しない

「創造・破壊」のプラスエネルギーが生じれば、これを抑えようとするマイナスエネルギーが生じる。

マイナスエネルギーで抑えられたプラスエネルギーが、マイナスエネルギーの圧力のない方向を求めて「時間」と「空間」へと向かう。

こうして「時間」「空間」「創造・破壊」のいずれもがプラスエネルギーへの「片寄り」を持つ状態になる。

この場合には「時間」が進むように書いているが、「時間」「空間」「創造・破壊」の次元は「時間」が進まないことを想定している。

そして、「時間」「空間」「創造・破壊」のいずれもがプラスエネルギーへの「片寄り」を持った後に、「創造・破壊」のプラスエネルギーとマイナスエネルギーが衝突を続けて下位次元への穴を開けることになる。

だから、脳の六方向の次元（「粒子性」「波動性」「秩序性」の次元）への穴は、「時間」「空間」「創造・破壊」のすべてで「片寄り」が生じた後に開くことになる。

このことから、下位次元への穴が開くときには、下位次元のすぐ上の次元ですべての軸が「片寄り」の生じた状態になっている。

すると、三次元が生じるときには、脳の六方向の次元のすべての軸で「片寄り」の生じた状態になっている。

ところが、三次元には「意味」「美しさ」「自分」「自分以外のもの」「波動の細かさ」「波動の粗さ」が存在し、脳の六方向における「片寄り」がみられない。

三次元の生じる前提条件が満たされていないので、どのようにして三次元が生じたのかがわからなくなる。

実は三次元という次元は存在しない。

私たちの五官で認識するものが、三次元が存在するという錯覚をもたらしている。

五官は主に粒子性である物質を認識し、私たちの体も粒子性である物質でつくられている。

そのため、私たちは自己の身体という粒子性を中心とした世界観を持っている。

自己の身体を中心とした世界観は意識の後方への「片寄り」となる。

私たちが自己の身体を中心としてこの世界を見たり感じたりしており、自己の身体を中心とした世界観を持続的に持つ私たちは、常に意識の後方への「片寄り」を持つことになり、この「片寄り」を是正するための「創造・破壊」のマイナスエネルギーも持続的に生じている。

そして、そのマイナスエネルギーで抑えられたプラスエネルギーが、脳の他の方向へ移動することによって、脳のすべての軸で「片寄り」が誘発される状態になっている。

脳の六方向より下の次元である三次元は開かれていないが、三次元が開かれる一歩手前の状態であり、その状態が持続して存在するから、私たちは三次元が存在すると錯覚している。

逆にいうと、私たちが自己の身体を中心とした世界観を持たなくなれば、三次元という概念はなくなる。

73 他人を叱ることが正当化される理由

私たちは自己中心性を持つことが悪いことだと教わる。

これは、意識の後方への「片寄り」が誰にも生じやすいもので、この「片寄り」を是正するためにつくられた教えだととらえることができる。

意識の後方への「片寄り」は、後方か前方かはわからないが脳の「片寄り」を指している。

脳の「片寄り」が生じると、「片寄り」を是正しようとする「脳の外から中心へ向かう流れ」が生じて、脳の「片寄り」が抑えられる。

「片寄り」をつくる原動力は「脳の中心から外へ向かう流れ」であり、「脳の外から中心へ向かう流れ」によって抑えられた「脳の中心から外へ向かう流れ」は、「脳の外から中心へ向かう流れ」の圧力のない方向へ向かう。

意識が後方へ片寄っている場合には「脳の外から中心へ向かう流れ」の圧力が「片寄り」を持つ意識の後方にかかる。

そして、「脳の外から中心へ向かう流れ」の圧力のかかった「脳の中心から外へ向かう流れ」は左脳や右脳、意識の上下方向、意識の前方へ向かう。

このうち意識の前方へ向かう「脳の中心から外へ向かう流れ」は、意識の後方へ向かう「片寄り」とバランスをとり合う関係にある。

「破壊」である「脳の外から中心へ向かう流れ」が意識の後方の「片寄り」へ作用し

た結果、「片寄り」をつくる「脳の中心から外へ向かう流れ」の一部が意識の前方へと向かい、意識の後方の「片寄り」とバランスをとる力になる。

他人を叱る行為について考えると、この行為は相手に現実を受け入れさせようとする「脳の外から中心へ向かう流れ」である「破壊」の力を作用させている。

この「破壊」の力が相手の脳の「片寄り」に作用すると、「破壊」の力によって抑えられた「創造」の力が脳の他の方向へ移動する。

すると、「破壊」の力によって「片寄り」の方向以外では「創造」の力が生じ、それらのうちの一方向が「片寄り」とバランスをとる力になる。

「破壊」が「創造」を生むと同時に、脳のバランスをとる力をつくることから、他人を叱るという「破壊」の行為が正当化される。

しかし、叱られた本人にとっては「破壊」である「創造・破壊」のマイナスエネルギーが作用するので、苦しみという良くない結果がもたらされる。

74 悪を目指す「自分」

プラスエネルギーが生じると、これを抑圧するためのマイナスエネルギーが生じる。「時間」「空間」「創造・破壊」のすべてでプラスエネルギーへの「片寄り」を持つ宇宙には、常にマイナスエネルギーの圧力がかかっている。

宇宙の一部である私たちにも常にマイナスエネルギーの圧力がかかっている。

このマイナスエネルギーは「脳の外から中心へ向かう流れ」であり、「脳の外から中心へ向かう流れ」は「破壊」であり悪となる。

「破壊」であり悪の力が常に私たちの脳にかかっていることになる。

「破壊」であり悪の力が私たちの脳にかかると、脳の六方向に分かれることになり、そのうちの一方向で「自分」を認識する。

「破壊」であり悪の力が「自分」を認識することになる。

私たちが「自分」と呼んでいる存在は、「創造・破壊」のプラスエネルギーが「自分」を認識した状態になる。

そのため、私たちが「自分」と呼んでいる存在は「創造」と善を志向している。

いっぽうで、「破壊」であり悪の力が「自分」を認識した場合には、私たちが「自分」と呼んでいる存在とは逆の性質になる。

だから、私たちの意識に存在する「自分」は、善を目指す「自分」と悪を目指す「自分」という相反する性質になる。

宇宙は「創造・破壊」のプラスエネルギーへの「片寄り」があり、宇宙の一部である私たちは、その「片寄り」に従うことが求められ、マイナスエネルギーである「破壊」や悪は受け入れられない。

したがって、「創造」や善を求める「自分」によって「破壊」や悪を目指す「自分」が潜在意識に抑圧されることになる。

しかし、潜在意識のなかに抑圧された「破壊」と悪を目指す「自分」は、私たちと同じように自己の存続や拡大を望む。

「破壊」や悪を目指す「自分」は、「自分」を認識したマイナスエネルギーなので、マイナスエネルギーが拡大するために抑圧する対象としてのプラスエネルギーが必要になる。

「自分」を認識したマイナスエネルギーは、自身がマイナスエネルギーなのでプラスエネルギーをつくることができない。

そのことから、私たちに「創造・破壊」のプラスエネルギーをつくらせようとする。

その際、宇宙の「片寄り」には「一定」の値があり、「自分」を認識したマイナスエネルギーが自己を拡大させるためには「一定」の値を超えた「創造・破壊」のプラスエネルギーが必要になる。

「自分」を認識したマイナスエネルギーは、「一定」の値を超えた「創造・破壊」のプラスエネルギー、つまり過剰な善と「創造」を私たちにつくらせようとする。

75 悪が私たちをつくった？

「時間」「空間」「創造・破壊」のすべてがプラスエネルギーへの「片寄り」を持った結果、「時間」が進むなどの「片寄り」を持つこの宇宙が生じた。

「時間」「空間」「創造・破壊」のすべてがプラスエネルギーへの「片寄り」を持ったのは、「創造・破壊」のプラスエネルギーが原因だった。

そして、「自分」を認識したマイナスエネルギーが私たちにつくらせるのも「創造・破壊」のプラスエネルギーになる。

宇宙の生じた原因が「創造・破壊」のプラスエネルギーなら、「自分」を認識したマイナスエネルギーが私たちにつくらせるものも「創造・破壊」のプラスエネルギーになる。

そのため、「自分」を認識したマイナスエネルギーが「創造・破壊」のプラスエネルギーをつくらせた結果、宇宙が生じたと考えることもできる。

宇宙の一部である私たちは常に宇宙のプラスエネルギーへの「片寄り」に従うことが求められ、そのことによって「創造・破壊」のプラスエネルギーである「創造」と善を志向している。

しかし、「自分」を認識したマイナスエネルギーがこの宇宙をつくったのなら、「破壊」と悪を志向する存在が私たちをつくったことになる。

76 先天的に「自分」を認識できない人の注意点

意識が前方へ片寄ることは、通常は考えることが難しい。

しかし、脳の疾患によっては「自分」を認識できない状態になることが考えられ、その場合には意識が前方へ片寄る。

「自分」を認識できない状態になると、「自分」を認識しないようにする実験をおこなったときと同じような精神状態になる。

目上の人に対して対等の立場で話しかけるような精神状態になる。

先天的な疾患によって「自分」を認識できない人というのは、生まれつき「自分」を認識できないので、周囲の人たちと「自分」に違いがあるとは思わず、周囲の人たちと同じように振る舞おうとする。

そして、幼いときから時間をかけて周囲の人たちと同じように振る舞おうとした結果、疾患のない人と似た振る舞いができるようになる。

とはいえ、「自分」を認識できない事実は変わらないため意識が前方へ片寄る。

通常の人間は意識が後方へ片寄るのに対し、それとは逆の方向への「片寄り」を持つことになる。

通常の人間は意識が後方へ片寄るから、それを是正しようとして意識を前方へ向ける努力をする。

ところが、「自分」を認識できない人は意識が前方へ片寄っているので、それを是正するためには意識を後方へ向ける必要がある。

しかし、「自分」を認識できない人は、周囲の人たちと「自分」に違いがあることを知らず、周囲の人たちを真似て意識を前方へ向ける努力をする。

すると、元々ある「片寄り」を、さらに大きくすることになる。

「片寄り」には抑圧するマイナスエネルギーが働くから、意識の前方への「片寄り」が大きくなると、これを抑圧するためのマイナスエネルギーも大きくなる。

マイナスエネルギーが苦しみをもたらすから、マイナスエネルギーが大きくなると苦しみが大きくなる。

先天的に「自分」を認識できない人は周囲の人たちを真似ることによって苦しみの大きくなることを繰り返し経験し、苦しみの大きくなることが自然な状態だと勘違いする。

そのため、周囲の人たちが苦しみを感じるようなことを平気でするようになる。

さらに、先天的に「自分」を認識できない人は意識の後方への「片寄り」を持たないから自己中心性という欠点がない。

先天的に「自分」を認識できない人に自己中心性という欠点がないのを見た周囲の

人たちは、先天的に「自分」を認識できない人を欠点のない人だと勘違いする。

その結果、先天的に「自分」を認識できない人は、「自分」に欠点のあることを知らないまま長い年月を過ごす可能性が高い。

77 次元は循環している？

「時間」と「空間」に影響を及ぼす重力は、「時間」と「空間」より上の次元の性質になる。

そして、「時間」と「空間」と同じ次元にある「創造・破壊」よりも、重力は上の次元の性質になる。

私たちが知り得る存在のなかで重力がもっとも上位次元の性質となる。

その重力は質量のあるものに生じ、質量のあるものは物質であり、物質は三次元で特定の方向に存在している。

物質が三次元で特定の方向に存在すると、重力が三次元で特定の方向に存在することになる。

実際、重力は地球のある方向に存在している。

私たちが意識の後方への「片寄り」を常態化させた結果として、三次元が存在すると勘違いしていることを示した。その観点から三次元は最下位の次元になる。

ところが、上位次元で特定の方向に存在する性質は、下位次元のすべての方向に存在する。

最上位次元に存在する重力は、下位のすべての次元ですべての方向に存在することになる。

しかし、重力は最下位次元である三次元で特定の方向に存在している。

この矛盾を解決するためには、最上位次元を目指して進んでいくと最下位次元にかえってくるという、次元の循環型構造を考える必要があるのかも知れない。

78 心は「時間」「空間」「創造・破壊」の次元の存在

「創造」のない状態を求めるために、「創造」のない状態を求める言葉を認識している。

「創造」のない状態を求める言葉は「創造」の作用する単語と「破壊」の作用する単語の数の割合が「一定」の値に近づくように、「創造」の作用する単語の数を「破壊」の作用する単語の数より多くしている。

「創造」の作用する単語の数を「破壊」の作用する単語の数より多くすると、「創造」が「破壊」より多くなる。

すると、「創造」のない状態を求める言葉の目的と矛盾する。

宇宙を構成する要素には「一定」の値の分だけ「破壊」より「創造」の多いことが求められる。

繰り返し認識する言葉もこれに該当するから、言葉を構成する要素は「破壊」より「創造」が多く求められる。

ところが人の心はこれとは別で、心は記憶によって過去を認識するから「時間」のマイナスエネルギーを生じさせている。

仮に心が「時間」のマイナスエネルギーを生じさせることができないと、過去を認識できないことになり、過去を認識できないということは「今」という瞬間を認識するだけになる。

心は過去を認識していることから「時間」のマイナスエネルギーを生じさせている。マイナスエネルギーを生じさせることができるのは「空間」と「創造・破壊」でも同じで、心は「時間」「空間」「創造・破壊」のいずれでもマイナスエネルギーを生じさせている。

心が「時間」「空間」「創造・破壊」でマイナスエネルギーを生じさせることができると、心が「時間」「空間」「創造・破壊」の性質を動かせることになり、心が「時間」「空間」「創造・破壊」の次元の存在となる。

心が「時間」「空間」「創造・破壊」の次元の存在だと、心は「時間」「空間」「創造・破壊」のすべてでバランスをとることが求められる。

「創造」のない状態を求めることは「創造・破壊」においてのバランスのとれた状態を求めることで、心にとっては自然なことになる。

いっぽうで、「創造」のない状態を求める言葉は、宇宙を構成する要素として「一定」の値の分だけ「創造」の多いことが求められるという違いが存在する。

79 「創造」のない状態を求める言葉の停止2

「時間」「空間」「創造・破壊」の次元における「片寄り」のない状態を求めるために、「創造」のない状態を求める言葉を認識している。

ところが、「創造」のない状態を求める言葉は、宇宙を構成する要素として「一定」の値を満たすことが求められる。

「創造」のない状態を求める言葉の内容は「時間」「空間」「創造・破壊」の次元のものだが、言葉自体は脳の六方向の次元のものになる。

過剰な「創造」が蓄積しないよう「創造」のない状態を求める言葉を認識するのを停止すると、「創造」のない状態が求められなくなる。

「創造」のない状態が求められなくなるのは「時間」「空間」「創造・破壊」の次元の話になる。

上位次元のエネルギーは強力なので下位次元はそのエネルギーに従わなければならない。

よって、上位次元で「片寄り」が生じると、下位次元はその「片寄り」に従わざるをえない。

そのため、上位次元の「片寄り」に従うことよりも、上位次元の「片寄り」をなくすことが優先される。

すると、脳の六方向の次元で「一定」の値を満たすことよりも、「時間」「空間」「創造・破壊」の次元で「片寄り」をなくすことが優先される。

「創造」のない状態を求める言葉を認識するのは「時間」「空間」「創造・破壊」の次元で「片寄り」をなくすためであり、その言葉を認識するのを停止するのは脳の六方向の次元で「一定」の値を満たすためだった。

脳の六方向の次元で「一定」の値を満たすことよりも、「時間」「空間」「創造・破壊」の次元で「片寄り」をなくすことが優先されるから、「創造」のない状態を求める言葉を認識することが優先される。

しかし、「創造」のない状態を求める言葉の過剰な「創造」を認識し続けると、過剰な「創造」が心に蓄積されて上位次元の強力なエネルギーに影響を及ぼすことがある。

その場合、「創造」のない状態を求める言葉を認識するのは停止する必要がある。

つまり、「時間」「空間」「創造・破壊」の次元において「片寄り」のない状態を求めることに成功した段階で、「創造」のない状態を求める言葉の過剰な「創造」が蓄積して「苦しみ」が生じたときにだけ、「創造」のない状態を求める言葉を認識するのを停止する必要があることになる。

80 「片寄り」は罪

人が罪を犯した場合、その罪を償う方法は二つある。

一つは苦しむことによって罪を償う方法になる。

これは被害者や被害者の家族からすれば気持ちの晴れるものだが、誰も得をする人がいない。

もう一つは「創造」をおこなうことによって罪を償う方法であり、こちらは誰かが得をする。

罪を償うための方法は「苦しむ」か「創造」をおこなうかの二通りになる。

もちろん「苦しむ」ことと「創造」をおこなうことを併用することもできるが、種類としてはこの二つになる。

これは何かと似ていないか。

脳に「片寄り」が生じたら、「片寄り」を是正するためには働きの優れた側の脳の働きを抑えるか、働きの劣った側の脳の働きを活性化させる。

働きの優れた側を抑えるのは「脳の外から中心へ向かう流れ」をつくることになる。「脳の外から中心へ向かう流れ」は「創造・破壊」のマイナスエネルギーなので、私たちに苦しみをもたらす。

そのため、「苦しむ」ことによって脳のバランスをとることになる。

反対に、脳の働きの劣った側を活性化させるのは「脳の中心から外へ向かう流れ」をつくることになる。

「脳の中心から外へ向かう流れ」は「創造・破壊」のプラスエネルギーなので「創造」となる。

「脳の中心から外へ向かう流れ」をつくると「創造」をおこなうことになり、「創造」をおこなうことによって脳のバランスをとることになる。

つまり、脳の「片寄り」を修正する方法も「苦しむ」か「創造」をおこなうかの二通りになる。

罪を償う方法と、脳の「片寄り」を修正する方法が同じなので、「罪」と脳の「片寄り」は同じものだと考えられる。

すると、これまでの罪の概念を変える必要がある。

これまでの罪の概念には被害者である他人が存在した。

しかし、脳の「片寄り」が罪だと、仙人のように他人とのかかわりを絶った状態でも罪をつくる可能性がある。

求聞持法を修行して脳に「片寄り」が生じたら、それは罪になってしまう。

私の場合、「修行」をする以前から左脳への「片寄り」があった。

その「片寄り」がどのようにして生じたかを考えると、元々、自己中心的な人間だったために、まず意識の後方への「片寄り」が生じた。

その「片寄り」が持続したために脳の他の軸でも「片寄り」が誘発され、その結果として左脳への「片寄り」が生じた。

つまり、自己中心性を持った時点で罪をつくっていたことになる。

そして、その後の「修行」によって罪を拡大させるとともに、その罪を強固なものにしてしまった。

81 潜在意識で認識する「破壊」

「創造」のない状態を求めると、意識が「脳の中心」にあるため、顕在意識は「脳の中心から外へ向かう流れ」である「創造」だけを認識した状態になる。いっぽうで、潜在意識は「脳の外から中心へ向かう流れ」である「破壊」も認識している。

潜在意識は意識できない意識なので、私たちは潜在意識が認識する「破壊」を意識することはできない。

しかし、私たちはあるときに潜在意識に抑圧された「破壊」と結びつく現実の事象と出遭うことがある。

そのときに顕在意識と潜在意識はつながり、それまで潜在意識に抑圧していた「破壊」を顕在意識が認識することになる。

すると、顕在意識の「自分」が潜在意識に抑圧していた「破壊」や悪を目指す「自分」とつながり、それによって「破壊」へと向かう衝動に駆られる。

「破壊」へと向かう衝動は「欲望」と表現されることが多い。

そのため、私たちが欲望によって行動すると、潜在意識に抑圧していた「破壊」を現実世界にもたらすことになる。

潜在意識の「破壊」を現実世界に反映させないためには、私たちが欲望によって行動してはいけないことになる。

おわりに

仏教でもっとも重要な教えは「中道」で、お釈迦様は「中道」に気づいて悟りを得られた。

「中道」という教えは「片寄り」のない心をもっておこないをすることを意味している。

この「中道」をあらわす姿勢に合掌があり、合掌は右にも左にも片寄らない「中道」の心を示すと説明される。

「右にも左にも片寄らない心」というのを現代的にいえば「右にも左にも片寄らない脳」となる。

現代人の多くが心の働きが脳でつくられることを知っている。

だから、「右にも左にも片寄らない中道の心」は「右にも左にも片寄らない中道の脳」になる。

仏教は約二千五百年前のインドで起こったとされ、私たちは仏教をとらえるときに科学が発達していない時代の教えだと思ってしまう。

ところが、仏教の世界観のなかでは過去の膨大な時間において、膨大な数の仏たちが教えを説いたとされている。

そのなかには当然、科学が発達した世界もあり、科学が発達した世界で説かれた仏の教えは、脳における「中道」を示したことになる。

二〇二〇年七月吉日

久野　善史

〈著者プロフィール〉

久野 善史（くの　よしふみ）

1970年、静岡県生まれ。

叡山学院本科卒。放送大学大学院文化科学研究科文化情報学修士課程修了。

比叡山延暦寺律院での3年間の修行を経て下山。現在、会社員。

高校時代より自らの脳を実験台として、「中道」への道を探究。そのプロセスと成果を本書に著す。

「生老病死」にとらわれない心をつくる

2020年11月18日　初版第1刷発行

著　者　久野 善史
発行者　韮澤 潤一郎
発行所　株式会社 たま出版
〒160-0004　東京都新宿区四谷4－28－20
☎ 03-5369-3051（代表）
FAX 03-5369-3052
http://tamabook.com
振替　00130-5-94804
組　版　マーリンクレイン
印刷所　株式会社エーヴィスシステムズ

ISBN978-4-8127-0442-4　C0011